JN116654

世界から学ぶ幸せな子育て

Joy of parenting around the world

ノーラ・コーリ　NORA KOHRI

リーブル出版

世界から学ぶ幸せな子育て

はじめに

　国際精神医療ソーシャルワーカー、いわゆるカウンセラーとして40年、私はさまざまな人生の悩みに耳を傾けてきました。人との関係に悩む人、生きている希望が見いだせない人、自分に自信がない人、後悔に悩む人、どうにも立ち直れない人、過去に縛られている人など、彼らと共に悩み、心に寄り添い、その暗闇から這い上がれるように励ましてきました。

　またアメリカ軍の家族支援センターに勤めている間は虐待される子どもを一人でも多く救ってきました。継父による性的嫌がらせ、あざだらけの仕打ち、罵声を浴びる、夫婦げんかを目の当たりにする、など無力な子どもたちはじっと耐えていました。親子関係の立て直し、間違った子育てへの気づき、崩壊した家族の修復は長い道のりかつ地道な作業でした。

　大人の相談に乗るたびに痛烈に感じたのは、彼らの子ども時代に受けた心の傷でした。傷の影響は友人や同僚との関係、パートナーとの関係、子どもとの関係にまで及ぼしていました。さらにその傷は大人になっても癒やされていませんでした。自信を取り戻すにも、親を許すにも、新たな自分を発見するにも、なぜそのような自分になったのか、親の影響はなんだったのかを紐解く作業です。過去と向き合うことはつらく、自分を癒やす道のりは時間がかかります。

　なぜこれほど苦しまなくてはならないのか？　防ぐことはできたか？　なぜ虐待は減らないのか？の問いかけの中で、行きつくところはどのように育てられたかでした。いかに子ども時代の影響が大きいかを痛感しました。そのためには子育て中の親御さん

たちにその大切さを訴えていくしかないと思ったのがこの本を書く最も大きなきっかけでした。

　さらに海外出産・育児コンサルタントとして30年以上に及び、世界各国の子育ての研究を通し、世界の親御さんたちからも学びました。

　私自身は日本、アメリカ、カナダで育ち、子どもたちをシンガポール、アメリカ、日本で育てました。このように培われたグローバルな視点から子育てを見た時、世界を舞台に活躍する未来の子どもたちに求められる要素（思考能力、コミュニケーションスキル、健康的な自己肯定感、自信、社交性、積極性、多様性への受け入れ）が見えてきました。本書では海外の育児も紹介しながら、主にアメリカの子育ての様子を紹介しています。

　私の願いは皆さんが子どもとの暮らしを楽しむ毎日の中で、子どもを世に送る大切な担い手であることを自覚し、世界を舞台に活躍できるように育ててほしいということです。子育ての現実は大変です。反省する毎日でもあるでしょう。それでも子どもたちは純粋、無垢であり、親の影響を大きく受けます。だからこそ、愛情と厳しさのバランスを持って育ててください。

　子育てのゴールは子どもの自立です。そこまでのアプローチはさまざまであっていいはずです。そのためにこの本を通してさまざまなオプションや考え方があることに気づき、「わが家の子育て」を発見してください。

　　　　　　　　　　　　　　　　　　　ノーラ・コーリ

もくじ Contents

4　しつけるにあたっての心得

5　生活のリズムが心身の健康に結び付く

6　大人になっていく子どもたちとの暮らし

おわりに

1

子どもを育てるにあたっての心構え

愛情さえあればなんとかなる

子どもを育てる責任

　皆さんは子どもを産もうかどうか、迷った時期はありましたでしょうか？　もしあったとしたら、おそらくその迷いは子どもを育てることへの責任を考えた時ではないでしょうか？　一人の人間を育てていくということは決して容易ではないだろうと察したことと思います。

　それもそのはず、子どもが病気になれば病気の知識が求められます。看病が必要であれば親はナースの役割を果たさなくてはなりません。勉強にくじけそうであれば、親は先生となるでしょう。バランスのよい食事は栄養の知識が求められます。子どもがいじめにあっていれば、どう話しかけたらよいのかと悩むでしょう。子どもの教育費も稼がなくてはならないでしょう。果たしてちゃんと育てられるだろうかという不安もあったかもしれません。そして子どもが生まれた今でも、いつになったら自信がつくのだろう、いい親になりたいとがんばっているのに失敗と反省の毎日に明け暮れているかもしれません。しかも子どもは日々すさまじいスピードで成長し、親の価値観、習慣、考え方、悪い癖に至るまでどんどん吸収していきます。子育ての悩みはつきないかもしれません。

　実は世界を見渡せば世界中の親も皆さんと同じように多かれ少なかれ不安、迷い、失敗への後悔を抱えながら子育てをしています。だからこそ日本人とは文化背景の異なるこれらの親がどのようにこの共通点である子育てのさまざまな壁を乗り越えてきたの

か、私は興味を持ちました。

　子どもを育てることは長時間労働の無休、無給のなんの報われることのないような大変な仕事です。しかも、子どもが独り立ちするまで少なくとも18年間という年月がかかります。それでも子育ては喜びも多く、価値があり、尊い仕事です。だからこそがんばれるのです。

　そのため、皆さんも世界中の親のように迷いながら、失敗しながら、試行錯誤で臨んでいいのです。子どもが失敗から学ぶように親も失敗から学んでいます。経験こそが自信につながります。そして、この責任は一人で抱え込まなくてもいいのです。周りにいっぱい支えてもらいながら、迷惑をかけながら、コミュニティー全体で子どもを育てていけばよいのです。皆さんもそのように育ったのです。ですから困った時は助けを求めてください。親は子どもの幸せのためならなんでもできます！

子育てのめざすところは子どもの自立

　子育ての目的をしっかり捉えていることは大切です。**子育てのゴールは子どもを自立させること**です。自立した大人とは、生きていくために最低限の身の回りのことはできる、経済的に一人でも生きていける、精神的にも身体的にも健康を維持できる、生きていくための基本教育を受けている、自分で考え、判断し、行動し、その行動に対して責任を取れる人のことを指すのだと思います。

愛情さえあれば子どもはなんとか育つ

　全世界の親が願う「子どもの幸せ」。その願いは愛情さえあればかないます。それでは、子どもを愛するとはどういうことでしょう？　子どもを愛するということは無条件に愛していることに気

づくことです。何でも言うことを聞くいい子、成績が優秀、顔が
かわいい、といった条件つきの愛ではありません。それはその子
自身のすべてを受け止めて、「愛しているよ」「大好きだよ」と言っ
ていることです。「目に入れても痛くない」ほど愛おしく、常に
その子どもの幸せを一番に願っていることです。「子どものため
なら自分の命も惜しくない」と思える愛です。病気に苦しんでい
る子どもがいれば、「自分が変わってあげたい」と思う愛です。
帰宅時間が遅いと子どものことを心配する愛です。この無条件の
愛を体験できるだけでも、親になれてよかったと思える瞬間がい
つの日か訪れます。

　愛されていないと感じる子どもは親になんとか認められようと
必死になります。生きるエネルギーのほとんどを、「認められたい」
「愛されたい」に費やします。親に批判されたり、無視されたり、
認められなかったりする子どもは不安を抱えます。そして、その
不安をなんとか埋めようとします。そのように満たされない気持
ちでいる子どもには自信、思いやり、共感は育ちません。その結果、
人生のさまざまなチャレンジに向かうことができなかったり、失
敗をするとそこからなかなか這い上がることができなくなります。

　そのためにも**愛情を行動とことばで子どもに伝えましょう**。愛
されていることが実感できている子どもは幸せです。それはほか
の人へも自分の受けた愛情を分け与えることができるからです。
子どもが膝に乗ってきたら、突き返さないでください。歩み寄っ
てきたら抱きしめてあげてください。抱っこができるのなら抱っ
こしてあげてください。そして、「めちゃ、大好きだよ」「○○ちゃ
んは世界一だよ」「△△はママの宝よ」「○○ちゃんはパパにとっ
てとても大事な存在だよ」と、ことばでも伝えてください。子ど
もたちはそのようなことばを栄養にして成長します。愛されてい

子どもを育てるにあたっての心構え

る安心があれば、その余裕から自信がつきます。自信がある子ど
もは世の中のさまざまな波風や壁を乗り越えていきます。

　もし、どうしても子どもをかわいいと思えない、愛せない、ど
のように愛したらよいのか分からない、と思っていたら、一度自
分と向き合ってみてください。なぜ愛せないのか？　愛されたこ
とがないから？　愛し方を教わってないから？　しかし、たとえ
愛を受けずに育った人でも周りの助けを受けながら育てていれ
ば、いつかは子どもへの愛情が生まれます。どうかためらわず助
けを求めてください。

普通の暮らしの中に発見する子どもとの楽しい暮らし

　世間では「子育てを楽しみましょう」と言いますが、楽しめな
い人もいます。楽しいと感じられないのはなぜでしょう？　最初
の子どもの場合は「ちゃんと育てなくちゃいけない」と身構え、「失
敗したくない」と気を張っていることでしょう。育児書どおりに
ならないと不安になったり、子どもに対してイライラする人もい
ます。緊張や不安の中では子育てを楽しめないでしょう。また、
今まで周りの人たちが子育てを楽しむ様子を見ていなかったり、
自分自身子どもと交わる機会が少なかったりしたことも影響して
いるでしょう。

　それではどうしたら子育てを楽しめるのでしょうか？　それは
決して難しいことではなく、ただ自分たちの生活の中に子どもが
いると捉えればいいのです。一緒に生活をし、その中で一緒に悩
んだり、泣いたり、喜びなどを共有すればいいだけです。今しか
ないその一瞬を楽しんでください。「ああ、わが子はなんてかわ
いいんだろう。この子を育てられる自分は幸せ」と実感してくだ
さい。

子どもと一緒にいられる時間は長い人生のほんのわずかです。人生を80年と見たら、18年間はわずか４分の１です。４分の３は子どものいない生活です。子どもが家を離れ、「ああ、あんな時もあったのに、逃してしまった」「かわいかったはずなのに、気づいてなかった」と過ぎてしまった時間を後悔しないようにしてください。今の自分にしかできない今すべきことに気づきましょう。

子どもは親を育ててくれる

　「子どもが生まれて自分は大きく成長した」とよく聞きますが、まさしくそのとおりです。子どもが通るさまざまな成長過程は人間が一人前の大人に成長していく過程です。**親は子どもを通して生きる基礎を学び直し、大人としての磨きをかける機会を与えられます。**自分が未熟だった部分、まだ十分育っていなかった部分を子どもを通して成長します。

　まず一番最初に試されるのは忍耐です。それは子どもは自然だからです。自然界にパーフェクトが存在しないように「出かける直前、うんち」「大切なプレゼンがあるその朝、子どもが高熱！」と、計画が崩れることはたびたび起こります。柔軟性も育ちます。さらに子どもは親を常に観察し、親を手本にしてどう生きたらよいのかを学習します。そのため、自分のモラルをあらためて意識したという声も聞きます。また、子どもの「パパ、くしゃい！」の一言でタバコやお酒の悪い習慣を断った人もいたり、子どもの将来を見届けたいがために運動を始め、健康な食事を心がけるようになったりした人もいます。

　そして子どもを得て一番よかったことは、おそらく自分の中に「この子のためなら自分の命すら惜しくない、自分の命より大切

な存在が初めてできた」といった子どものためなら何でもできるという強さが芽生えたことではないでしょうか？　それは以前の自己中心的な自分から、子どもの幸せをまず第一に考える自分に変わったということです。他にも責任感が強くなったり、まじめに仕事に取り組むようになったりと子どもを持つことで人は大きく変わります。子どもは私たちを育ててくれるのです。

わが家の子育てに自信を持つ

　子育てに正解はありません。こうあるべき、これが正しいといったルールもありません。この育児書ですらあくまでもガイドラインです。理想は理想、現実は現実。それは一人っ子と８人きょうだい、女きょうだいばかりと男きょうだいばかり、都会育ちと田舎育ち、片親で育つ子、養子として迎えた子、障がいを持った子、視覚障がいの親、外国人の親など、子どもを取り巻く環境はさまざまだからです。ですから他の家庭と比べる必要はありません。それぞれの家庭で育児方針があっていいのです。周りがどう言おうと、**子どもが心身共に健康で幸せな家庭であれば「うちはうち、これでいいんだ」**と胸を張ってください。わが家らしさを無視し、「こうあるべき」に合わせようとすると無理が出ます。無理をしていてはハッピーにはなれません。

　子どもたちは学校で、また社会でさまざまな育児方針の元で育てられている子どもたちと関わりながら成長します。「どうして〇〇ちゃんのパパは二人もいるの？」「どうして◇◇くんは英語も日本語も話すの？」と、そこには疑問や戸惑いがあるかもしれません。そのような質問が上がった時こそさまざまな家庭があることを伝えるチャンスです。「あそこのお宅、ちょっと変わってるわよね」などと決して他の家庭のことを批判しないことです。

子どもたちはちゃんと聞いています。自立というゴールに向けての育て方は、それぞれのアプローチでよいのです。子育て方針は家庭の数ほどあってもよいということです。

子どもを育てるにあたっての心構え

たとえ体が不自由でも

　腕がないGさんは自分の子どもを抱くことすらできません。おむつすらまともに替えられません。それでもわが子への愛情は誰にも負けません。自分で育てたい、母親は自分しかいないのだという誇りから、周りの助けを得ながら、りっぱに育てています。愛情があるからこそ、子どもの幸せを一番に望むからこそ、何にでも挑戦できるのでしょう。

・・・

子育てではなく親育て ― アメリカ

　日本では子どもを育てていく過程を「子育て」と言います。それに対してアメリカでは "Parenting"（親教育）と表現します。この違いは、日本は子どもを中心に考えることに対して、アメリカでは親を中心に子どもを育てていくと捉えているからでしょう。

・・・

わが家の恒例行事をつくる

　日本は実に祝うことが多い国だと思います。子どもが自分の家庭を築く際、「うちではどうやってお正月を祝っただろう？」「うちのお雑煮には何入れたっけ？」、とまず参考にするのが自分自身が育った家庭でしょう。異文化同士の結婚ではさらにパートナーの国での祝い事が加わるので、祝う機会が増えるでしょうね。何を祝うか、またどう祝うかはそれぞれの家庭で自由です。それでも世界中どの親も子どもの成長を喜び、祝い、感謝し、この先も健やかな成長を願います。どうかあなたの家庭でもあなたらしいお祝いをしてください。そして、子どもたちにたくさんの思い出を残してあげてください。

子どもらしい時代を過ごせるように

子どもの発達段階を理解する

多くの親が子どもの成長段階をきちんと理解していないのは気がかりです。例えば「3歳なのにぜんぜん落ち着きがないんです」と。しかし、その年齢ならそれは当たり前です。またそういう性格なのかもしれません。それでも親はわが子になにか障がいがあるのではないかと真剣に悩み、ドクターに薬を求めるほどです。また、わが子しか見ていないのも原因でしょう。さらに他の親とのネットワークは面倒だ、他の家族と交わる時間はない、となると同年齢でもさまざまな性格の子どもがいることを知るチャンスを逃してしまいます。

まず年齢相応のできることを知り、発達段階を理解しましょう。成長には幅があり、性格もみんな違います。優れている、遅れているは問題ではなく、**その子なりに社会に適応していれば大丈夫**と思える心のゆとりが大切です。よほど人に危害を与えるような問題行動でなければ、それも個性と受け止めてみてはいかがでしょう。世の中にはいろいろな人がいるからこそおもしろいのです。子どもたちの世界でもいろいろな性格の子どもがいるから楽しいのです。

子どもの成長を急がない

子どもの成長を急ぐ親が目立ちます。他の子どもと比較して、「あの子はもうできてるのに、なんであなたはできないの！」と叱ったりします。早ければいい、遅いとよくないということでは

ないはずです。子どもにはその子なりの成長のスピードがあるからです。なぜそれほどまでに「早く」を子どもに期待するのでしょう？

　オムツにしても、排尿感覚が育てば自然と1週間で取れるものです。小学校に上がってまでオムツをつけている子どもはいません。「あいうえお」にしても、読みたいという欲求が芽生えれば、1週間で50音を身につけるほどです。急ぎ立てても、まだそこまで成長していなければ親はイライラするだけです。

　子どもの自然な**成長を急いだり、スキップしたり、通らせなかったりすると、結局、子どもはまたそこへ戻っていきます。**例えば、3歳の時に得られなかった親からのスキンシップを14歳にして得ようと母親の背中に抱きついたりするようになります。カウンセリング室には子ども時代を過ごせなかった大人が多く訪れます。精神病の親を看病していた、下の子の世話を一気に背負っていた、夫婦げんかが耐えない家庭で育った、習い事のはしごで遊べなかった、というような子どもたちです。あの頃には戻れなくても、彼らは必死に失われた子ども時代を取り戻そうとします。どうか子どもの自然な成長を尊重し、子どもらしい時代を送らせてあげてください。そして年相応のその子でいさせてあげてください。

負担となるほどの期待はしない

　わが子に期待をするのは決して悪いことではありません。しかし、「世の中、勝たなくちゃ意味ないんだからね」というように、その期待が過度になると子どもを追い詰めてしまいます。「あなたのためよ」という愛情という名のもとでの子どもへの期待でしょう。しかし、子どもは親を喜ばせたいがために懸命にその期

待に応えようとします。するとそのような多大なプレッシャーは
以下のような弊害を生むかもしれません。

- 不安やうつになって精神的に追い詰められる。
- ストレスで体（円形脱毛症、腹痛、頭痛、チック症、など）
  に不調が現れる。
- 期待に応えられないことで自分に対する自信や自己肯定感が
  下がる。
- 親を喜ばせることができない自分は「悪い子」と自分を責める。
- 動機が興味からよりも、「親を喜ばせたい」に変わる。
- 思春期に自己に目覚めた時に押さえていた感情が一気に爆
  発する。

　そのようなプレッシャーをなぜかけてしまうのか、どこからそ
れが来ているのか考えてみてください。まずは**心身ともに健康で
あればそれで十分と受け止め、好きなこと、興味のあることをや
らせてあげて**はいかがでしょう？　子どもはまだまだ成長の途上
にあります。完璧になれないのは子どもだからです。子どもらし
さを認めてあげるためにも、完璧を望まないことです。そして、
もし普通以上の能力を備えているのであればそれは期待していな
かったボーナスとして感謝すればいいのです。親ができることは
本人の進みたいと望むゴールに向かって応援することなのです。

子どもの個性を受け入れる

　子どもには子どもの**自我があり、個性があり、生まれ持った性
格があります。**これらは変えようにも変わるものではありません。
この世の中はさまざまな個性の集まりだからこそおもしろいので

す。特に人に迷惑をかけているのでなければ、それがその子らしさと認めてあげてはいかがでしょう。自分らしくいられる子どもは幸せです。そのためにも子どもを理解し、性格を尊重し、その子らしく伸び伸びと生きられるように応援してあげてはいかがでしょう。

　ネガティブに見える性格も見方によってはポジティブに捉えられないでしょうか？　じっとしていない子はスポーツ選手になるかも、人と関わらない子でも動物とは関われているかも、というように見るとその子の才能が見えてくるのでは？　性格や個性にはいいも悪いもなく、どう捉えるかではないでしょうか？

　カウンセリング室では最近発達障がいを持った大人たちが訪れます。彼らは障がいを抱えながらも社会に適応しています。多動の子は動きながら学習しました。ただし、子どもの頃は「バカ」とレッテルを貼られたり、いじめにあったり、生きにくかったと語っています。つまり自分らしさが受け入れられていなかったのです。

　子どもが何よりも望んでいることは、自分が認められることです。特徴の強い子どもでもさまざまな影響を受け、さまざまな経験を通り、自分が生きやすい世界を切り開いていきます。そのためにも子どもにはいくらでも変わるチャンスを与えてください。

親の満たされないニーズが及ぼす子どもへの影響

　親の中には自分の中にある嫌な自分を子どもを通して見てしまうことがあります。例えば、自分の子どもが自分同様臆病で引っ込み思案だとイライラしてくるといいます。そして必要以上にその弱点を批難したり、虐待とも思われるほどに、その性格を直そうとその子らしさを踏みにじってしまいます。また、自分ができ

なかったことに対して自分の子どもがそれをしようとすると異常なほどのジェラシーを感じ、例えば、子どもが海外留学をしたいと相談を持ちかけても、真っ向から反対したりします。

　このように子どもの頃に満たされなかったニーズ、例えば、甘えられなかった、十分愛してもらえなかった、認められなかった、傷ついた感情を受け止めてもらえなかった、などがわが子と重なると苛立ったり、必要以上にコントロールしようとします。もしそのような自分がいたら、過去の傷ついた自分と向き合ってください。向き合いながらその当時の感情、偏った感情や思い込みを解き放し、自分を癒やす作業を行ってください。癒やされた自分を得たら、子どもへの接し方もおのずとよい方向へと変わるはずです。

子どもを傷つけない

　親は自分の精神状態が安定していなかったり、周りのサポートがないと、ストレスやイライラから子どもに当たってしまうことがあります。しかし、その時の一言、一時的な感情で行ったことが子どもの一生を台無しにするかもしれません。子どもは価値のない人間だと思い込み、生きる希望を失い、自信を失います。その結果、摂食障害、非行に走る、お酒に逃げる、引きこもる、依存症になったりします。現にカウンセリング室を訪れる相談者の多くが過去に以下のような虐待を受けています。

■ **身体的虐待**とは、殴る、蹴る、床に叩きつける、つねる、顔を叩く、熱湯を浴びさせる、たばこを肌に焼き付ける、首を絞める、ベランダに逆さずりにする、つばをはく、厳冬期に薄着で外に出す、ムチ打つ、髪をつかんで引きずり回す、乳幼児を激

しくゆする、溺れさせる、手を縛り身動きを制限する、カギを
して閉じ込める、などです。必ずしも外傷があるわけではあり
ませんが、普通では起こりえない所にあざがあったりします。

■ **精神的虐待**とは、子どもに対して、「バカ！」「おまえなんか最
低！」「あんたなんか産むんじゃなかった」「大嫌い」「あんた
なんかいない方がいい！」「顔も見たくない！」「なんで生まれ
てきたのよ」「なんで泣くの！　うるさい！」といった暴言や罵
声を子どもに向け、自尊心を傷つけるようなことばを投げるこ
とです。また、子どもに「もう、ママ死んじゃうからね」「も
う、帰ってこないからね。勝手に自分で生きていきなさい」「お
化けが来るからね！」と言った恐怖や不安に陥るような脅し、
無視、きょうだい間での差別的扱い、夫婦間や子どもへの虐待
を目撃させることなども含みます。

■ **性的虐待**とは、子どもにポルノを見させる、ポルノを撮らせる、
子どもとの性交、大人の性交を見せる、大人が性的興奮を得る
ために性器を露出する、子どもを裸にして性的なコメントをす
る、嫌がっているのに子どもと風呂に入ったり同じふとんで寝
ることを誘う、子どもの性器をもてあそぶ、大人の性器を触れ
させる、など。多くの場合、「言ったら殺すぞ」「ママには内緒（秘
密）だからね」と、子どもは口止めをされていますので、周り
はなかなか気づきません。加害者は父、母、きょうだい、継父、
継母、母親のボーイフレンド、親戚のおじさん、いとこのお兄
ちゃん、ベビーシッターのお姉さん、コーチ、信頼していた人、
というように誰でもなる可能性があります。

日本は温泉、銭湯があり、家族でお風呂に入ったり、フィンランドでも裸で入るサウナがあります。そのため裸でいることが絶対に悪いとは教えられない場合もあります。そのような文化のもとでは何が受け入れられ、何が問題であるかを適切に指導しないといけないでしょう。性的虐待に敏感なアメリカなどでは3歳でも父親と娘が一緒にお風呂に入ったり、小学生の娘が父親と寝ることすら問題となります。

■**ネグレクト**（放任）というのは、子どもが生きる上で必要最低限の環境や保護を親が怠ることです。苦しんでいるのに医者へ連れていかない、家の都合で学校へ行かせない、罰として食事を与えない、親の勝手で子どもを家や車に置き去りにする、罰として一晩中外へ出す、危険を承知で幼い子どもを一人で外に出す、おむつを替えない、不衛生な家庭環境、などです。

コラム column

トラウマを生きる

　Wさんは3歳の頃、叱られると母親にマンションのベランダから逆さづりにされました。その状況を彼は今もなお鮮明に覚えています。母親への怒り、許せない感情、自分は大切な存在ではなかった、愛されていなかった、と思い出すと涙が止まらないと言います。そして、行き場のない感情を今でも引きずっています。そのような行動が子どもの一生をどれほどまでに傷つけるかを表した例です。

子どもの人生を尊重する

「自分らしく生きる」ことを目標に

　将来何をしたいかは子どもにとって大きな課題ではあっても、それを若いうちに決めるのはなかなか難しいものがあります。中には自分がやりたいことがあっても、「後を継げ」「医者になれ」「弁護士になれ」「一流企業に勤めろ」と、親、他人、世間を満足させるために、やりたいことを諦めた人もいます。親の期待はしょせん親の価値観から来るエゴです。結果、自分の本当にしたかったことを選ばなかったことを後悔し、決断を強要した親を責め、恨むことになるかもしれません。

　自分は何に向いているのか、何をしたいのか、は大きくなる過程でさまざまな影響を受けながら見えてくるものです。生まれ持った才能が開けば、想像を超える大きな功績を残すでしょう。そのためには子どもが常に「自分らしく」生きることが大切です。

　親は子どもが主体的に向かいたい方向を自由に選択できるように励ますことです。しょせん子どもの人生です。本人が生きたいようにさせるのが愛情ではないでしょうか？　「あなたの人生なんだから、あなたが決めなさい」と言っていいのです。子どもは自分の手で幸せをつかむしかありません。親は子どもの将来の幸せにまで責任を取らなくてもいいのです。そのように考えれば、親の役割は自立した子どもに育てるだけで十分なのです。

ジェンダーにまどわされないように育てるとは

　「性別」から逃れることはできません。書類も「男・女」を選

ぶ欄が設けられています。それでもアメリカでは最近、「回答しない」といった項目や自分の性を選べる項目が出始めました。世間では男の子だから、女の子だからとほとんどの人が意識しているでしょう。

　しかし、世界では性別によって決めるのはどうであろうか、という動きもあります。看護婦が看護師に変わったのはよい例でしょう。男、女という以前に一人のアイデンティティーを持った人間として認められることが大切なのではないかという考えです。また、自分らしさを男だから、女だからこうあるべきに限定されるのはどうかといった考えです。

　そのためには子どもにつける名前にしても、着せる服にしても、与えるおもちゃ、髪型にしても自分たちの選択が何をもとに決めているのか考えてもいいかもしれません。子どもはおよそ２、３歳にして性別意識を持つようになるといわれています。まずは色にしても、服にしても、おもちゃにしても子どもに選ばせてあげるのはいかがでしょう？　それは子どもが将来同性愛者になるかもしれないからといった視点から提案しているのではありません。それは一つの性別を選べない子ども、あるいは生まれ持った性別を受け入れられない子どもがコミュニティーの一員として受け入れられるためです。

親は子どもに影響を与えることはできても強制はできない

　親が自分の子どもは自分の分身、自分の所有物と思っている場合は、自分の思うようにコントロールしたり、人権を無視して自分に従わせようとするでしょう。日本にはその文化的背景があり、子どもを奉公に売り飛ばしたり、口減らしのために赤子を殺したり、子どもを道連れにする「親子心中」がありました。

今でも日本は子どもの行動は親の責任と捉える風潮があり、成人した子どもが犯罪を犯してもレポーターは実家に駆けつけて親にインタビューするほどです。そして、親も「申し訳ございません。どのようにお詫びしたらよいのかことばがありません」と、あたかも子どもの犯した犯罪を自分が犯したことのごとく話します。

　それに対して個人主義のアメリカでは子どもが自分で起こした行動は子ども自身が責任を取るように指導しています。そのため、親は we（私たち）という主語は使わず、she あるいは he を使い、子どもが犯した行動をあたかも他人のように突き放した話し方をするのは興味深いところです。

　子どもは親の所有物ではありません。私たちはあくまでも一時的に子どもが自立するまでの期間、子どもを預かっています。その間、親は子どもの人生に影響は与えられるものの、彼らを自分の思うようにすることはできません。自分から生まれたといっても、子どもは自分の人格を持った一人の人間です。子どもの命は親のモノでないのと同様、子どもの人生も親のモノではないのです。

成績で子どもを評価しない

　親によっては、成績がよければすべてよしと思っている人もいます。アメリカの受験校ではかなり頻繁に成績表が親に送られてきます。まるで成績重視をあおるようにです。そうすると親は普通以上の期待をかけていきます。成績が上がれば、鼻高々にほめ、子どもに高価なモノを買い与えたりします。そして、彼らは子どもの顔を見ては「勉強しなさい」「宿題やったの？」と言います。しかし、成績重視の育て方には考えるべき多くの問題点があります。

● **子どもの自信喪失**：「成績がよければいい子」という期待に応えられないと、「成績が悪い僕はだめなんだ」と自信を失います。

- **成績でその子を評価**：成績だけがその子のすべてではないのに、「成績が悪いイコールダメな人間」と、成績がその子の人格を表すような話し方をします。そもそも人生では成績のない、学校に行っていない期間の方が長いのです。

- **数字で評価**：はっきりした数字で結果が表れることも問題です。成績は単なる数字です。同じ科目でも教え方によって日本では30点でも、アメリカでは90点ということもあります。強い子が多ければビリになっても、弱い子の集まりでは1等ということもあります。数字に表れなくても多くを学んだかもしれません。

- **学ぶ目的から遠ざかる**：成績アップだけが目標の勉強では「勉強嫌い」の子どもが育ちます。学生時代「勉強が嫌だった」という子どもが多いのもそれを物語っています。学ぶことや新しい知識を得ることは本来楽しいはずです。評価の仕方や教育環境が変わり、勉強がおもしろくなった途端に伸びる子どももいます。やりたい目標が決まった途端、勉強に身を投じる子どももいます。

- **よい成績から愛を得る**：子どもは自分の評価が成績によると知ると、「成績がよければ愛されるんだ」と受け止めます。それは条件付きの愛です。そのため、子どもにとってよい成績は親の愛を獲得するための手段となり、学ぶという目的からかけ離れてしまいます。また、成績でしか親が自分を評価しないと感じたら、本来の自分を隠し、抑え、よい成績を取ることだけの自分になろうとするでしょう。

- **弱者への思いやりに欠ける**：世の中で一番重要なことは「勝つこと」「トップでいること」「一流大学や一流企業に入ること」と叩き込まれれば、子どもは世の中の弱者を軽蔑したり、見下したりしがちになります。その結果ホームレスに石を投げたり、障がい者をからかったり、成績の悪い子をいじめたりするようになるのでは

ないでしょうか？　「一生、ゴミを集めるような人生を送りたい？」などとは決して口が裂けても言うことではありません。皆さんの出すゴミは誰が毎日収集しているのでしょう？

- **子どもの成績が親の勲章となる**：子どもの成績を重視する親は、子どもの成績イコール自分の努力の結果と見ている傾向があります。「まあ、息子さんの東大合格もお母様の努力の結晶ですよね」というように自分への評価、自分への勲章となります。自分に欠けている自信を子どもを通して埋めようとしていないか振り返ってみるのも大切です。
- **プレッシャーが不安症を引き起こす**：特に思春期の女の子はあまりの成績重視によるプレッシャーによって不安症、うつ、摂食障害になりやすくなります。繊細な子であれば、テスト中にパニック症状が出てしまうほどです。

コラム column

「いい子」から解放されて

　私自身の人生を振り返った時、一番苦しかった時は母の言う「素直でいい子」になろうとしていた時でした。「いい子」は母の誇り、母の自慢、母の喜び、母の幸せだと教わりました。そのため、母の言う「あなたのためよ」を信じて、言われるままに塾に通い、母が入学させたい学校を受験し、父の紹介で仕事に就きました。母の喜ぶ姿は自分が母に認められていることでもありました。しかし、決して自分らしく生きていませんでした。

　自分は一体誰のために生きているのだろう？と気づいた時、自分は自分の幸せのために生きなくてはいけないことに気づきました。自分の心に忠実に生き始めた時、初めて母の「理想の娘」から開放されました。それは母に植え付けられた母の価値観を一つ一つ剥ぎ取っていく作業でもありました。

たくさんの手と愛情で子どもを育てる

子育ては二人三脚

　多くの日本人の方々は「海外の父親の子育て参加」について興味を抱いていました。それは日本の多くの母親が育児や家事の大半を担い、父親の協力を得られていない現状からくるようでした。確かに日本は習慣として性別役割分担が定着しているため、男性は夜遅くまで労働を強いられ、帰宅してからは疲れて家事や育児をする余裕がないと訴えます。

　それに対して、欧米では子育ては両親二人の役割という考えが前提にあります。実際、フィンランドのパパが子どもの世話をする姿は自然体でした。父親ができないことはたった2つのことだけです。それは子どもを産むことと、お乳を与えることです。オムツ替え、食べさせる、あやす、寝かしつける、しつけをする、などほかのすべては父親でもできることです。

　ですから、母親はあまり我慢せず、不満を溜め込まず、夫にニーズを伝えてください。**育児は母親のリードのもとの父親の「協力」ではなく、二人のチーム作業**です。二人で育児に臨めば喜びも驚きも2倍になり、将来子どもが巣立った後、子育て中の思い出を共有できるようになるはずです。

世界から学ぶ仕事と家庭の両立

　日本では子どもが生まれると、たとえ教育を受け、資格を取っても仕事を諦めざるを得ない状況に追い込まれる女性が多いのは残念です。そして、働きたくても働けない不満が子どもへも影響

するのであればとてもつらいことです。夫婦共働きが当たり前の欧米諸国（フィンランド、アメリカ、ノルウェー、ドイツ、フランス、スウェーデン、イタリア、イギリス、オーストラリアを参考）では、どのように両立させているのでしょう。これらの国では子どもができても優秀な人材確保のため、また税金を徴収する観点からも働ける市民は仕事をするように奨励しています。そのため、性別や年齢による差別をなくし、プロフェッショナルとしての仕事が求められ、それ相応の賃金が支払われ、それが仕事を続けたい動機となっているようです。制度は女性の社会進出を支援するだけの優遇措置ではなく、子どもを含む家族全員の人生の質の向上を図るものです。

- **ワークシェアリング**：何人かがチームを組んで１つのフルタイムの仕事をこなす
- **週休３日制**：学齢期の子どもがいる親は週末に加え、もう１日休みが与えられる
- **フレックスタイム**：１週間内に決まった時間さえ満たしていればよいので、出勤日、出社と退社時間を自分で調整できる
- **テレワーク**：在宅勤務制度
- **結果で評価**：何時間働こうと時間的な拘束はない
- **遅刻早退が認められる**：子どもが小さいうちは時間をずらして出社、退社
- **短縮勤務**：子どもが小さいうちは短縮勤務が可能
- **育児介護休業法**：子どもが病気になった場合、有給とは別に休める
- **有給休暇が５、６週間**：子どものためにも使える
- **看護者を企業が派遣**：子どもが病気になった場合、親が仕事を休まなくて済む
- **長期休暇制度**：障がい児、慢性病を患った子どもがいる場合、長

期にわたって休める

- **障がい児への経済的支援**：障がいを持った子どもがいても、仕事を続けられるために
- **授乳時間の確保**：職場での授乳時間あるいは搾乳時間を1日何回か設けている
- **待機のない保育所**：行政が保育所を十分に設け、空き待ちをつくらない
- **保育手当**：未就学児を持つすべての家庭に支給
- **1年から3年の育児休暇**：取り方は自由に両親に与えられる
- **父親にも育児休暇**：最低1年あるいはそれ以上
- **家族手当**：育児休暇の間支給
- **育児休暇中の給与支払い**：給料がフルまたは何％か支給
- **医療費無料**：子どもの医療にかかるコストはほぼ国が負担
- **児童手当**：だいたい17歳まである（金額も日本の3倍というところもある）
- **税金が控除**：手当てによっては税金控除の対象
- **復帰後元のポジション**：育児休暇の後にも元の地位と職場に戻れる保障

　もし能力や技術で社会に貢献したいという願いがあるのであれば、子どもができても仕事を続ける道を切り開いていってほしいと思います。日本の1年間の育児休暇にしても、先輩ママたちが何十年もかけて獲得した制度です。制度は利用することで維持されます。そのためにもぜひ、ある制度は利用し、さらにこの先家庭と仕事を両立するために必要とされる制度を作っていってください。

父親が子育てに参加しやすい環境

　父親が子育てに当然のように関われるのも、それなりのシステムがあり、環境が整えられていて、なによりも周りの理解があるからです。仕事よりも家族が優先と考えていますので、周りの人たちも子育て中の父親を応援しています。以下は父親が子育てしやすいアメリカの環境です。

- 子どもが小さいうちは残業をしないことが当然として許される。
- 通勤時間を短くしたり、車での通勤にしたりすることで負担としない。
- 子育て中は住居を職場の近くにしたり、家に近い職場に転職。
- 子育て中はみんな定時で帰るので、自分だけ迷惑をかけているという後ろめたさがない。
- 職場では子どもを育てている人に囲まれているゆえに周りの理解がある。
- 保育施設の保護者会などは夜に行われるので、両親共に参加できる。
- サッカー、野球などのコーチをしている場合、練習日は早めに出社し、早退できる。
- 病院へは両親揃って出向くので、勤務時間中に席をはずしても、誰も文句を言わない。

父親の存在をあなどらない

やむを得ぬ理由から父親がいない子どもはいます。両親の離婚、

病死、事故死、刑務所にいる、父親が誰か分からない、行方不明、親権を放棄、父親には自分の家庭がある、などがあります。しかし、もし父親としての責任を取るのが可能であれば、子どもの人生に関わってください。なぜならば皆さんが想像する以上に**父親の存在は子どもの成長と人生に大きく影響する**からです。それではなぜ父親の存在がそれほど重要なのでしょう？

- 人類始まって以来、子どもには両親が必要とされていました。父親には父親としての役割があります。シングルマザーが「自分は父親の役目も果たさなくてはならなかった」と語るのはそのためです。
- 父親は家の大黒柱といわれますが、多くの子どもは強いパパ、頼もしい父ちゃん、頼りがいのある父親を望んでいます。どのような苦難に直面しても家族を守る父親、失敗してもまた立ち上がる父親の姿を求めています。
- 子どもは自分自身が家庭を持った時に自分の父親を見本とします。男の子は父親がどのように母親を扱っていたか、女の子は自分の父親像を将来の夫に求めるかもしれません。
- 父親だからこそ得意分野があるはずです。ネクタイの締め方、キャッチボール、車の運転、車の修理、家の修理、女性への接し方、など挙げればいろいろ出てきそうです。
- 子どもは父親の視点からの価値観、倫理、モラル、強さ、勇気などの生きる指針を学びます。

「なろうと思ってなったわけでもない」「子どもは嫌いだ」という人もいるかもしれません。酒乱、薬物依存、仕事をしない、絶対的権威を振りかざす、怒鳴ってばかりいる、家庭を顧みない、

子どもを育てるにあたっての心構え

1

子どもと時間を過ごさない、身勝手、など世間でいうダメ親父はいます。それでも子どもにとっては唯一人の父親です。

　子どもとの時間がないといっても、時間の長さで父子の関係が図れるのではありません。短い時間でも有意義な時間を過ごすことが大切です。寝る前に本を読む、一緒に食器を洗いながら1日の出来事を話す、いくらでも機会はあります。釣り、サッカー、車の展示会、など父親の好きなことの延長でいいのです。子どもはいつまでも父親と過ごした時間を思い出すことでしょう。皆さんはどうですか？　どのような思い出がありますか？

　皆さんは一生涯父親なのです。子どもが父親の愛を知ることはとても重要です。父親の任務と責任を全うすることで得られる代えがたいものがあります。

たとえ別れても子どもには両親が必要

　日本では離婚後の共同親権は制度としてはありません。欧米の多くの国、及びアジアの一部の国（中国、韓国）では共同親権を選ぶことができます。それを選ぶのは親が別れても子どもは二人で育てることが望ましいと判断した場合です。共同親権では双方とも子どもに会う権利が与えられます。それと共に経済的責任も加わり、どこの学校に進ませるか、手術を必要とした場合の承諾など、子どもに関わるすべてのことを二人で決めます。

　もともと会話ができないほどこじれた関係なのに、その相手と引き続き子どもに関することはすべて相談の上で決めるのですからコミュニケーションは欠かせません。子育て方針においても一致しなければなりません。共同親権の成功のキーは、まず子どもを第一に考えるという視点に立つことです。そこでは夫婦でも友達でもなく、ビジネスパートナーのようにドライに関わっていく

ことがキーポイントです。いかに感情抜きに話し合うかです。そのためには、相手への怒り、恨み、憎悪、など自分自身の感情をまず整理できていなくてはなりません。もしそれが可能であれば、子どもたちがママともパパとも一緒にいたいという願いがかないます。愛するわが子のためと思ったらできるのではないでしょうか。

周りに助けられながら子どもを育てる

地域で子どもを育てるということは多くの人々が子育てに関わるということです。そのためにも人付き合いを億劫がらず、人との交わりを求めてください。子どものためでもあり、自分のためにもなります。子育てを終えた人たちは子育て中の家族と関わりを持ってください。彼らは子育て中の大変さをこぼせる人がいるだけで、「そうか、今はこういう時期なのね」「そうか、自分だけじゃないんだ」と安心できるからです。子育て中の皆さんは困っていることがあったら、先輩ママたちに心を開いてみてはいかがでしょう？

子育て支援センターなどの子育て中の親の交わりと情報交換の場、公園での出会いなどもよいスタートになります。周りの人は「どうしてる？」「何かあったら言ってね」というように、子育て中の親に声をかける、立ち話を通して関係を築く、何か助けを必要としていないかサインをキャッチ、自分も助けを必要とする時に助けを求めるなど、おせっかいにならない程度に連絡を取り合うことも大切です。

助けを必要としたら、遠慮なく求めましょう。迷惑かも、自分でできないのは親として失格、なんでも自分でやらなくてはと思わないことです。助けを求めることは自分の無力を認めることではありません。助けを求めることは勇気がある証拠です。子ども

の幸せを望んでいる何よりの証です。子育ては本当に大変なのです。ましてや子どもが多い、双子、年子、障がいや慢性病を抱えた子どもがいれば、一人では到底無理です。子どもたちは私たちの未来を支えます。彼らを育てるのは社会全体の責任です。甘えてもいい、迷惑をかけてもいい、いつか自分も誰かを助ける時期がくるのですから、お互いさまなのです。

子どもを愛すことが難しいと感じる母親への支援

　女だから母性愛が本能的に存在するとは限りません。母親の中にはどうしてもわが子を愛せない人もいます。計画してなかった、この子は自分の夢と希望を奪った、この子は自分の失敗に見える、レイプによってできた子だった、というように望まぬ妊娠の結果生まれてくる子どももいます。そして、「この子さえいなければ」と思い続けたり、「あんたさえ生まれてこなかったら」と言い続けているかもしれません。またこのような母親の中には自分自身愛されなかったため、どう愛してよいか分からなかったということもあります。

　「３歳の子どもが餓死」「５歳の子どもが首を締められる」「全身にあざ」「アイロンで焼かれた跡」「頭蓋骨骨折の重症」などの重傷の事件の「なぜ？」を探ると、多くの場合、彼らはノイローゼのような精神状態であったことがうかがわれます。つまり、普通ならできないことをしてしまう精神状態に追い込まれていたということです。また密室育児というように社会から孤立化していたこともうかがわれます。もし近くに目があったら、これらの事件は防げたのではないかと思います。

　母性愛も育てていくものです。それには時間がかかります。それでも彼女たちは産む決心をし、自分で育てる決心をしたので

す。いい母親になりたいと望んでいるのです。そのため、このような母親を「親として失格ね！」「それでも母親なの?!」と責めないでほしいのです。まずは彼女たちが置かれた状況を理解し、よい母親を目指そうとする彼女たちを温かく支えてほしいと思います。必要な時に必要な助けを送ってください。子育てにつまずいても、もう一度チャンスをあげてください。

障がいを持った子どもは多くの人をつなげてくれる

私は10年以上にわたり、ニューヨークで大人の障がい者のデイサービスの施設長を勤めました。そこで障がいと共に生きる人生とはどのようなものかを学びました。子どもに障がいがあることを知った時はどの親も動揺します。しかし、毎日世話をする中で障がいはその子の一部であることに気づき、障がいのことを忘れていることもあると言います。一人で頑張ろうとせず、育てる自信がないなどと最初から決めつけず、たくさんの人を巻き込んで、支えてもらいながら育てていけばよいのです。それは健常児を取り巻く環境よりも、多くの人が子育てに関わるという恵まれた環境でもあります。**子どもがいろいろな人たちをつなげてくれます。**

ですから、障がいを持った子どもが生まれたことは決して不幸なことではありません。むしろ、思ってもいなかった幸せと喜びを贈ってくれたと言います。健常児との比較がないだけに、その子自身のマイペースな成長を楽しむことができます。「なぜ僕は目が見えないの？」「なぜ私は足がないの？」という問いにこそ、その子のすばらしさを強調してください。神様が作られたものに間違いはありません。たとえ人間の目にはハンディに見えても、神様の目から見ればその子は「パーフェクト」だからです。

子どもには「何でもできる、何にでもなれる」と無限の可能性

を伝えて育ててください。できないことにフォーカスせず、できることにフォーカスしてください。可能性にチャレンジする自信さえあれば、その子は自分の人生を自分なりに切り開いていくでしょう。その自信を育てるのが親の役割です。子どもは命を与えられた以上、生きる目的を持って生まれてきています。そして生きる権利もあります。それを親の一存で奪わないでください。

子育ての悩みのない国

　国によっては子育ての悩みなんてないという親もいるほどです。子育てを複雑にしたのは生活の発展からかもしれません。途上国の子育てはシンプルでストレスフリーで、親は子育てにまつわる悩みが少なく、なんて幸せなんだろうと思います。例えば、おむつをつけない国はたくさんあります。パンツすらはかせない民族もいます。

そのような国ではトイレット・トレーニングなどという悩みには無縁です。紙オムツにかかるコストの心配もありません。インドではズボン1枚で、濡れたら洗って木に干していました（写真）。長い期間授乳をしている民族は離乳食の時期がなく、時期が来たら突然大人と同じものを食べます。子どもは本来自然体です。その自然に逆らうから、子育てが難しくなったのではないでしょうか。

Photo by Nora Kohri

中国から学ぶ世代にわたっての子育て支援

　中国の地方の大家族の家では祖母、祖父、さらにまだ結婚していない兄弟が同居しています。近所のおじさん、おばさん、そしてさまざまな年齢の子どもたちがいます。そこには多くの人とのつながりがあります。子どもは親以外の人に叱られたり、子どもたち同士でもめても、自分たちで解決します。父親に怒られれば、祖母のひざに座ってなだめられたりします。ちょっと買い物に出かけたい時は気軽に子どもを家族に見てもらうことができます。そこには父性の役割を果たす人、母性の役割を果たす人が入り混じっています。子どもたちはこのように多くの違う立場の人たち、異なった価値観を持つ人たちから社会の道徳を学び、常に愛情を感じながら育っています。親自身に足りないものがあっても周りがそれを補っています。

1

子どもを育てるにあたっての心構え

親になっても自分らしさを失わない

完璧さは自分を追い詰めてしまう

　初めての子育てとなれば、「いい親になりたい」「失敗したくない」「ちゃんとしつけなくちゃ」と気構えてしまうのは当然です。しかし、子どもが生まれたその日から子育ては自分の思うようにはいかないものだと気づくことでしょう。理想な子どももいなければ理想な親も理想な子育ても存在しません。ましてや完璧な家庭なんて存在しません。みんな問題だらけでそれが普通なのです。そのため子育てに完璧を求めては真っ向から対立し、つらくなるだけです。

　「服はきちんとタンスへ」「いい子じゃなきゃだめよ」「お部屋はいつもきれいに」と常に完璧を求められては子どもは窮屈でたまらないでしょう。子どものいる家は**散らかっていて、汚れているのが当たり前**です。食事中にしても「こぼしちゃだめよ！」「汚さないでよ！」では、子どもはピリピリして食事の時間がストレスとなり消化にも影響するでしょう。キリキリしていては子育てを楽しむ余裕が奪われます。子どもはストレスが増すとどこかで爆発するので、つばを吐いたり、洗濯物を踏んだり、壁をクレヨンで汚したりして抵抗するようになります。

　そもそも絵に描いたような親子でも実際は分からないものです。ほとんどの親が「ああ、あんなこと言うべきでなかった」「また怒鳴っちゃった」と毎日のように反省しています。誰もが失敗の連続の中で子育てをしています。ですから、少々いい加減でもいいのです。多少ズボラで自分らしさをさらけ出した母ちゃんの方が子どもは一緒にいてリラックスできます。リラックスした環

境で子どもはのびのびと育ちます。2人目がかわいく映り、余裕が出てくるのも「子どもなんてこういうもの」と受け止めているからです。床がマヨネーズだらけになっても、せいぜい「まあ、よかったわ。床がピカピカになるわ」くらいのユーモアで乗り越えましょう。

自信などなくてもよい

　子どもを虐待してしまった、もう育てる自信がない、親として失格だ、と思っても子どもにとって皆さんは世界でたった一人のお母さん／お父さんです。ここで子どもを手放したら、子どもの将来にどれほどの影響を及ぼすか子どもの立場に立って考え直してほしいと思います。一時的に子どもを預かってもらう必要があれば、その間に更生し、もう一度出直してください。子どもはきっと許してくれるでしょう。

　子育てに自信がある人などそれほどいないのでは？　**自信は繰り返す失敗を通して、練習を重ね、経験を通して、何年もかけて後からついてくるもの**です。新米ママ・パパであれば、すべてにおいて初めてなのですから。子どもが1歳の時は、自分も親として1歳、子どもが1年生になったら、自分もまだ1年生です。子どもの失敗を見ながら、自分も失敗をしていると自覚し、そこから学べばよいのです。

　自信のあるなしは子育てにおいて、それほど重要ではありません。精いっぱい愛情を持って自分らしく子どもと向き合えばそれで十分です。決して他の親との比較はしないようにしましょう。子どもの誇りは世界でたった一人のユニークな「母ちゃん/父ちゃん」が存在していることです。

親は親の役割に徹すればよい

親の中には子どもと関わる職についている人もいます。校長で
あれば子どもは優秀だろう、ピアノの先生であればピアノが上手
であろうと周りは想像するでしょう。ただし、親が二役をこなす
ことはなかなか難しいといわれています。子どもを専門とするセ
ラピストの方はわが子だけは救えなかったと言い、外科医の父親
はわが子の手術は他の外科医に託したと言います。それはその専
門である前に親だからです。親としてわが子に関しては特別な期
待と感情があるゆえに客観性を保てなくなるのです。

そのため、親は親でしかできない役割に徹することです。子ど
もが苦しんでいるときは子どもを抱きしめ、一緒に涙を流し、励
ますことです。家に帰ったらもう XX 先生ではなく、一人の親と
なることです。どうしても二役を務めなければならないのであれ
ば、道場では厳しい先生でも、うちではやさしいパパに切り替わ
るように努めてください。

生みの親を探す子どもたち

私は以前、ニューヨークで養子縁組を斡旋する団体に勤めていま
した。そこで実子を探している親、産みの親を探す子どもたちの
追跡調査に関わっていました。そこでは 100 年も昔にさかのぼる
過去の養子縁組の記録がすべて保管されていました。記録紙はほ
とんど黄みがかっていて、中には破れそうなくらいボロボロの記録
もありました。その記録をたどって子どもは親を探しているのです
ね。

自分の幸せあって子どもの幸せがある

自分の心身のケアを忘れずに

　子育てに休みはありません。中には子どものためならなんでも我慢するという考えの親もいます。忍耐・根性・我慢が美徳とされる日本では、そのような献身的な姿勢は評価されるでしょう。それでも気がついたら、自分のニーズをないがしろにしていたと気づく日もあるのでは？

　欧米の多くの母親は自分の時間を持つ権利があると主張します。「自分を（心身ともに）ケアできていなければ、子どもは見れない」「母親の幸せなくして、どうやって子どもの幸せを願うことができるの？」という考えです。そのため、大学に行く、キャリアを積む、趣味を続ける、など社会との接点を求め、自身の向上を諦めません。それは欲張りではないと思います。

　自分自身の心身のケア、健康維持のためのニーズは大切です。ママが倒れたら大変です。痛いところがあれば我慢せず病院へ行ってください。特に精神的なケアは後回しにしがちです。不満をため込まないように。やりたいことがあったら子どもがいてもできるか試してみてください。

子育てに疲れたら自分の時間をつくる

　親もたまには一人でスターバックスに行きたい、女友達とランチにでかけたいと思うでしょう。自分の時間を持ちたいと望むのは人間として当然です。子どももたまには親元から離れるのもよいはずです。それでも多くの日本人のママは自分だけの時間を持

つことに罪悪感を感じたり、子どものために犠牲になるのは仕方がないといいます。

　フランス人は週に１、２回は夫婦二人だけでデートをしたり、大人だけの夜のパーティーでも子どもを預けて出かけます。夫婦あってそこに子どもという捉え方のようです。どちらがよいというのではなく、これもまた文化の違いでしょうか。

　それでも、我慢をすると不満から子どもを叩いたり、怒鳴ったり、過度な罰を与える危険性が高まります。また我慢ができないと子どもを家に置き去りにするかもしれません。ですから自分だけの時間を持つことは必要です。親や友人に預けたり、自治体の一時預かりやベビーシッターを利用してみてください。リフレッシュできた後は子どもへの接し方も変わるでしょう。

　そして、周りの人たちは、子連れで現れたら迷惑というような目で見ないでください。どうしても子どもを預けられなかったことを理解し、せめて温かい目で親子を受け入れてほしいと思います。

ママ／パパ以外の顔も持つ

　専業主婦の間でよく聞く不満は「〜ちゃんのママ」以外の自分のアイデンティティーがないことです。自分でいられる世界、ファーストネームで呼ばれる世界がないといいます。それはアメリカの専業主婦と自称する人たちの間でも聞かれる悩みです。

　もし母、妻、女以外にも、プロフェッショナルとして生きたいというのであれば、それはチョイスとしてあってもいいと思います。能力がありながらも、母としてこうあるべきに自分を縛り、後々「子どもがいたからできなかった」と子どもや夫を責め、後悔するよりはよいでしょう。母であった自分がすべてだと、子ど

もが巣立った後、この先どう生きたらよいのか途方に暮れるかも
しれません。80歳になって振り返った時、自分は何を成し遂げ
たのだろうかと後悔をしないためにも、子育て中から子どもが巣
立った後の人生を視野に入れておくことも大切にしましょう。

　母親フルタイムを続けながらも、何かしら社会に貢献している
という実感が得られるものに出合うことです。自分の才能が生か
される熱中できるものは子どもがいてもぜひ続けてください。そ
の経験は子どもが巣立った後に生かされるはずです。例えば、子
どものアレルギーで苦労したら、将来、アレルギーを考慮した献
立作りのコンサルタントになるのもよいでしょう。可能性は無限
です。後は実行へ移すかどうかです。子どもにとっても輝いてい
る親の姿は誇りであるのですから。

コラム column

より負担を減らす欧米の子育て

　欧米ではケアする側の体に負担がないようにします。例えば、日
本では赤ちゃんが寝付くまで親がいっしょに横になったり、抱いて
寝かせます。それに対してアメリカ人は時間がきたら、赤ちゃんを
ベッドに入れその場を離れます。また、アメリカでは親がどうして
も子どもから目を離さなくてはいけない時は安全が確保できる囲い
に子どもを入れます。それを見た日本人は、「まあ、かわいそう、
まるで檻に入れられた動物みたい」と反応していました。他にも東
南アジアやアフリカでは赤ちゃんを背中におんぶする習慣があります
すが、欧米ではベビーカーを利用します。赤ちゃんをお風呂に入れ
るのにも欧米ではシンクにベビーバスを設置したり、おむつ替えも
立ったままです。生活や環境の違いからくるのでしょう。

世界から見た「子ども預け」事情

　日本人は子どもをそう簡単には人に預けないという印象を受けます。それは欧米との大きな違いだと感じます。アメリカでは赤十字などがベビーシッター養成講座などを主催し、12歳にしてベビーシッターの資格を取らせます。シッター代もさほどの負担ではありません。さらに欧米では子どもを2歳ぐらいから託児所などに預けられます。そして働く形態もさまざまなので、それに対応した預け方が多数あります。

　それに対して日本を含むアジア諸国では子どもを宝とみなし、宝をアカの他人にはそう簡単には預けません。中国でも主に親に預けています。また日本では子どもを預けられるほど信頼できるママ友がいなかったり、自分と子育て方針がかけ離れている家庭には預けられないと言います。信頼できる親やきょうだいは遠く離れていたり、シッターさんとなると、コストもかかるでしょう。その結果、「そこまでしてまで子どもを預ける必要はない」「預けてまで行こうとは思わない」という結論となるのでしょう。

　さらに日本の社会では母親は子どもと一心同体、コブ付きが受け入れられます。「母親なんだから自分の子どもは自分で見るのが当たり前」といった考えが浸透しているため、日本やアジア諸国では子ども連れに対して寛大である印象を受けます。シンガポールのウェイトレスはよく子どもをあやしてくれました。

夫婦が要

パートナーを尊敬する

　夫婦が長年連れ添っていれば、相手の嫌な部分も見えてくるでしょう。つい口を滑らせて、「ママみたいにだらしないのは困るよな」「勉強しないと父ちゃんのようになるよ」「（夫に対して）ねえ、ちょっと、邪魔！　向こうへ行って」「亭主は元気で留守がいいって本当よね」というように相手を見下したり、けなすような発言をしていないでしょうか？　さて、このような発言は子どもにどのような影響を及ぼすのでしょう？

- その親をバカにするようになる。
- 尊敬している親が、けなされれば子どもは悲しむ。
- 親の威厳が奪われるのを見ていてつらく思う。
- 親の悪口を言われれば、言った親に憎しみを抱く。
- 頼りになる存在が揺らげば、不安を覚える。
- 誰を信じてよいか混乱し、親子関係に亀裂が生じる。
- 子どもは尊敬できない親の言うことを聞かなくなる。
- 一番身近な存在である親を信頼できずに育つと子どもは人間不信に陥る。
- 自分自身の家族を築く時に同じようにパートナーをバカにする。
- 母親が父親をバカにする環境で育った女の子は、健康的な男性像を築くことが難しく、結婚に消極的になる。
- 男の子の場合、ゆがんだ父親像のもとで育つと父親のよい手本を持てなくなる。

子どもの前では決して相手の悪口を行ったり、バカにしたり、けなしたりする言動や行為はしないことです。皆さんの視点からはダメなパートナーでも子どもにとっては世界でたった一人の一番大切で大好きなママ / パパであるからです。

　相手の良さを認め、尊敬することです。「父ちゃんはすごいよね」「お母ちゃんは料理が上手だね」「パパ、お仕事ご苦労さま」「ママ、お洗濯大変だったね」「お父さん立派だね」というように相手のことをほめ、ねぎらい、思いやり、感謝し、よいところをことばにして、子どもの耳に入れることです。そうすることによって、子どもは親を尊敬するようになります。そして子どもは尊敬する親の言うことをよく聞きます。

夫婦仲がよければ子どもは安心

　子どもの問題の大半は夫婦の問題に行き当たります。成績の伸び悩みも家のことが気になって勉強に集中できなくなるからです。友達同士での揉め事が絶えないのも、家で起きている不満を外で発散しているからです。悪い仲間とつるみ、夜遅くまで帰ってこないのもくつろげる家がないからです。

　そのため、子どもの健全な育成を望むのであれば、夫婦が仲良くいることに尽きます。家庭は夫婦が要です。基盤が揺れていたら、その上にいる子どもはさらに揺れます。**互いにいたわりの気持ちを抱き、互いのニーズを常に確認しあい、どちらか一方に負担がかかってないか確かめてください。**不満を溜め込んだり、我慢しないことです。

　特に妻は夫に愛されている安心感があれば、子育てにも余裕が出ます。コーヒーを入れてあげる、手を握るなど、子どもは両親がやさしく接している姿を見て安心します。お互いへの感謝のこ

とばかけも忘れないようにしましょう。子どもの幸せを一番に願うのであれば、夫婦が幸せでいることです。

子どもにとって親のけんかほどつらいものはない

「家族なのだから、オープンでいいではないか」「夫婦でもけんかはする」「問題はその場で解決すべき」……これらは一理あるでしょう。しかし、けんかもエスカレートすると怒鳴りあい、つかみ合い、殴る、蹴る、叩く、など相手への身体的な暴力に発展します。さらに物を壊す、物を投げる、暴言や罵声を吐く、相手を見下す、「もう離婚！」などの行動や言動は子どもに精神的なダメージをもたらします。その傷は大人になってからもなかなか拭えません。子どもにとって親のけんかほど見ててつらく、不安になるものはありません。家族崩壊の不安の中で育つと子どもには、どのような影響が出るのでしょう？

- 落ち着きがなくなる。集中力に欠ける。学習に影響する。
- 恐怖で怯える。家庭はもう安全な場所ではなくなる。
- 不安な気持ちが続く。うつになる。
- 誰かに怒鳴られるたびにフラッシュバックが起こる。
- 腹痛、頭痛など身体的症状を訴え、成長へも影響する。
- 怒鳴り声を聞くたびに体は硬直し、血圧が上がり、体に不調をきたす。
- ストレスを抱え込むようになる。
- 自分が原因で親がけんかをしていると捉え、自分を責める。
- 反抗的になり、親の言うことを聞かない。学校で不満を発散したり、暴れたりする。
- 怒鳴る親は尊敬しない。尊敬できない親の言うことを聞かない。

子どもを育てるにあたっての心構え

- 怒鳴ったり、殴り合ったりで問題を解決することを覚える。
- 不安定な家庭で育つと自信が育たない。人との関係を築くことに影響する。
- 幸せな家庭を描くことが難しくなり、恋愛、結婚に対して消極的になる。

　問題はいかに建設的に、かつ冷静に解決するかの見本を子どもに示すことができるかです。怒鳴ったり、暴力で相手を押さえつけたり、感情的にならず、落ち着いたことばで解決することです。そのために以下のことを大切にしてください。

- 相手を攻めるような言い方をしない
- 自分はどう感じているのかを素直に伝える
- いつも自分が正しいという態度をとらない
- 相手の意見を尊重する
- 相手にどうしてほしいかを伝える

　具体的なステップは、１．問題を認識　２．原因を探る　３．解決案を出す　４．実行に移す　５．結果を検証する　です。
　たとえ豪邸でも、そこに住む人々の心がトゲトゲしていたら、そこは子どもが安らぐ場にはならないでしょう。家庭とは帰ってきたいと思える場所です。帰ってきてホッとできる、自分でいられる、安らぎがある、疲れが癒やされる場所でありたいものです。

親になっても男女の関係を忘れずに

　日本では「ねえ、ママ、それ取って」というように夫婦がお互いをパパ、ママで呼ぶ家庭があります。これは日本の家族が子ど

もの視点から夫婦の呼び方を決めているからでしょう。アメリカ
でも子どもと話す時は、日本同様、子どもの視点からの呼び方を
します。しかし、夫婦がお互いを呼ぶ時は一転して、ファーストネー
ムか愛称で呼びます。子どもにとってはパパでも、妻からしたら
夫は自分の父親ではないからです。子どもは両親がこのようにお
互いを呼び合うことで親以前に男と女であることを意識します。

　熟年離婚の傾向を見ると子育て期間中、親としての役割は果た
したものの、男女でいる努力を怠っていたように思えます。もし
子どもが巣立った後でも仲むつまじい関係でいたければ、外食を
したり、旅行へ行ったりと二人だけの時間を設けることを提案し
ます。家族の要は夫婦です。二人だけの時間を持つことに後ろめ
たさも、罪悪感も持たなくていいのです。それは子どものためで
もあります。自分も将来そのような家庭を望むでしょう。子ども
は両親二人が揃っている実家を訪問したいものです。

2

世界の親がめざす「こんな親になりたい」

愛情深い親

親の笑顔は子どもにとっての安心

子どもは母親にはいつも笑顔でいてほしいと願っています。それは子どもにとって「愛されてる。安心」というメッセージだからです。さらに**母親の笑顔は「ああ、お母さんは幸せなんだ」という幸せの確認**でもあります。子どもは母親には幸せであってほしいからです。母親が幸せであれば子どもは安心できます。そのため、母親の笑顔が消えると1歳の赤ちゃんですらそれを察知し、不安を覚えます。

しかし、私たちの笑顔こそ子どもたちからの産物かもしれません。なぜなら彼らがいつも私たちを笑わせてくれるからです。赤ちゃんのほほ笑みは反射的に私たちを笑顔にし、心まで温かくしてくれます。嫌なことも忘れさせてくれる子どもの笑顔は癒やしでもあります。子どもが私たちの精神的な健康を保ってくれているといってもよいでしょう。

触れ合いを通して愛情を確かめている

触れ合いがあった赤ちゃんは心身ともに健康に育ちます。子どもはきょうだい同士でじゃれあったりして常に触れ合いを求めています。それは肌と肌が触れ合うことで絆が生まれるからです。そして、触れることは愛情表現でもあります。大人でもつらい時に手を握られたり、肩に手を触れられることで、急に涙が溢れたり、慰められます。

日本では公でのキスや抱き合う光景はあまり見られませんが、

子どもにとっては抱きしめる、抱っこする、ひざに乗せる、頬づりをする、頭を撫でる、手をつなぐ、髪の毛をとかしてあげる、などはとてもうれしいことです。それは安心でもあるからでしょう。心の平安があってこそ、子どもは挑戦に挑むことができるのです。

子どもがもっとも望むのは親との時間

　子どもの「ねえ、ママ」「ねえ、見て」に、どうしても「あとでね」「ちょっと待って」と答えがちです。子どもが親にそのように話しかけるのは、関心を持ってほしいという時でもあります。せめて5回の「ねえ」に対して、1回でも「な〜に？」「どうしたの？」と答えてあげたいものです。**子どもが一番ほしいのは親から愛されていると実感できる時間**です。きょうだいが多かったら、親を独占できる時間を1日10分でも、意識的に設けてください。親を独占できると子どもは満足し、心も安定します。そういったひとときこそ記憶に残ります。さらに子どもの祖父母、叔父叔母、近所の人たちなどの存在も忘れないようにしましょう。彼らは親代わりとはなりませんが、子どもに時間と愛情を注いでくれます。

　子どもが巣立ったら、嫌というほど自分だけの時間は得られます。ですから子育て中は子どもへの時間を優先してください。今しかできないことは何か、と常に自分に問うようにしてください。

世界から観察する子どもとの距離

　日本、韓国、南米、アフリカ諸国では子どもと母親の距離が近いことに気づきます。家事をするにも、街を歩くにも赤ちゃんは母親の背中に背負われています。添い寝をしていれば、親は即座に赤ちゃんの要求に応えられます。また子どもであれば安心して眠ります。遊びにしても日本の母親は子どもといっしょに遊びます。お風呂では親子で湯船に浸かります。

　それに対して欧米の親は子どもと一定距離を置いています。夫婦が主体なので親と子どもは別々の部屋で寝ます。公園で親はベンチに座って子どもが遊ぶ様子を見守っています。お風呂はバスタブの外から親は子どもを洗っています。それでも別れる時、再会時には子どもを引き寄せるように抱きしめ、何度でもキスをします。

2

世界の親がめざす「こんな親になりたい」

子どもとの健康ないい関係

子どもが尊敬するのは威厳を持った親

　昔の子育てと今の子育ての大きな違いは「尊敬」という点でしょうか。日本では上下関係がはっきりした文化があるため、大黒柱である父親は威厳があり、母親は「じゃ、パパがいいって言ったらね」というようにサポート役でした。また「地震、雷、火事、親父」といわれていたように父親は怖い存在でした。しかし、今では欧米からの影響もあり、日本でも子どもの権利や人権が尊重されるようになりました。

　日本で子どもの権利条約が発表された時は先生や親は困惑したものです。そのような過渡期であるから、親はしつけに戸惑うわけです。今ではうっかり子どものお尻すら叩くことができなくなり、子どもたちも昔ほど親を恐れなくなりました。さらに少子化が進み、子どもの機嫌を取り、顔色を伺いながら、まるで腫れ物に触るように「こうしてくれないかな？」と頼みこむ親すら出てきています。これでは逆に親が子どもを恐れている状況です。子どもを尊重するということは何も子どもの言いなりになることではありません。

　親が子どもに対してビクビクしていては子どもは不安になるばかりです。**自信を持って親としての威厳を持ち、尊敬される親になってください。家庭内での順位を示してください。**子どもには遠慮せず「〜してくれる？」ではなく、「〜しなさい」でよいのです。子どもは頼りがいのある親を尊敬します。尊敬する親には従います。尊敬されるに値する親になるのには誠実に生きていればそれ

で十分です。

※注：「尊敬」とは相手の人格や行為、功績などが優れていると
　　　認めて敬うこと。例：あの人は尊敬に値する。
　　　「尊重」とは価値があるものとして重んじ、大切に扱うこ
　　　と。例：意見を尊重する。

親子の間には、はっきりとした線を引く

　「子どもに嫌われたくない」「友達みたいな関係でいたい」とい
う関係を求める親がいます。しかし、**親は友達であってはなら
ないのです。**それはなぜでしょう？　皆さんの友達を思い出して
ください。その友達をしつけたり、叱りますか？　子どもにパー
トナーへの不満、家の経済状況、義母（父）との悩みを持ちかけ
ますか？　子どもは「おばあちゃんの悪口」なんて聞きたくあり
ません。子どもに親の問題の解決を求めないようにしてください。
子どもは親に友達になってほしいとは望んでいません。子どもに
は子どもの友達がいます。その友達と好きな子の話をしたり、夢
中になっているゲームのことを話すでしょう。また子どもは友達
にしか言えないこともあります。

　親子の間には超えてはいけない線を引く必要があります。親は
親の役割に徹し、子どもは子どもらしくいられる関係です。この
境界線があればダメなことはきちんとダメと言えます。叱るべき
ところで叱っても崩れない関係です。

「いけません」と言える親に

　子どもは「ねえ、これほしい。一生のお願い」「今日だけ！」
と必死に願いを貫こうとするでしょう。そして、ダメというと子
どもが癇癪を起したり、親に対して「いじわる」「けち」「ママな

んか大嫌い」と言い、自分が傷つくので子どもの言いなりになってしまうのではないでしょうか？　あるいは子どもに嫌われたくない、理解ある親でいたい、子どもの喜ぶ顔を見たい、信頼を損ねたくないという思いもあるかもしれません。

　もちろん子どもは親を傷つけることで考えが変わるかと試しているのでしょうが、大抵の場合、思うようにならない苛立ちや自分の無力さへの怒りの表れです。また、そのようなことを親に言えるのは甘えがあるからです。何を言っても関係が崩れないという自信があるから、自分の怒りを露骨にぶつけてくるのです。よい関係があるという証拠でもあります。

　日頃よい関係があれば、たまにダメと言っても関係にヒビが入ることはありません。**ダメなことはダメと言わなくてはいけないことは貫いてください。**それは子どもを危険から守る、決まりを守らせる、我慢を教える、といった親の責任です。子どもが将来、自分で自分を守り、欲をコントロールし、正しい判断をするためです。親がそばにいなくてもお酒、薬物、フリーセックスなどの誘惑に NO と言えるためです。子どもを守る親の姿を子どもは尊敬します。そして尊敬する親の言うことを聞きます。

間違ったら素直に認められる親に

　私たちは誰かに悪いことをしたら、「□□ちゃん、ごめんって言えるかな？」「ごめんなさいでしょ?!」というように、子どもに「謝る」ことの大切さを教えてきています。しかし、私たち大人は子どもに何か間違ったことをしたときに、なかなか素直に謝ることができません。それは親としてのプライドであるかもしれません。また、子どもが親は間違いなどしないと信じているので、とても自分の過ちを認められないのかもしれません。それでも、

自分が間違っていたら、それを認め、子どもに対しても素直に謝ることは大切だと思います。

　子どもが学ばなくてはいけないことは、誰にでも過ちはあるということです。そしてそれは親でも例外ではないということです。私たち親はたくさんの失敗をしています。それを認めることができたら、子どもは親はパーフェクトじゃないんだと安心するはずです。そして「ごめんね、さっきは言い過ぎたね」と子どもに許してもらえばよいのです。自分の弱さを認めることができる親こそ強く、勇気があり、頼もしく映るのではないでしょうか？　そして、ママでもパパでも間違うことはある、だから自分（子ども）が間違っても許されるんだと安心します。そうすれば、失敗を恐れない子どもに育つでしょう。自分の過ちを認められる親を子どもは尊敬します。そして子どもは尊敬する親の言うことを聞くようになります。

コラム column

日米　意見の違いの受け止め方

　討論においても日米の違いが見られます。日本では協調性が尊ばれているため、たとえ自分の意見があっても、それを抑え、なるべく波風立たせず、周りに合わせることの方が大切だと教えられています。特に先輩、上司、目上の人の意見に従い、従順である姿勢を示すことが評価されます。

　しかし、アメリカではみんなそれぞれ違った意見があってよいという考えです。そのため討論においても、自分の意見をいかに通すかではありません。そこでは違う意見を持つことを奨励し、お互いの意見を尊重し、自分の意見をいかに相手が理解できるように説得するかが正念場となります。

子どもからのメッセージ

・怒ったっていいよ：怒ってくれると安心するから
・あまりこども扱いしないでね：かえって背伸びしちゃうから
・「ほら、言ったでしょ」でいいよ：失敗から学ぶからね
・「ほら、バチが当った」と言わないで：失敗は罰じゃないよ
・怖いって言った時、ぼくをバカにしないで：だって、本当に怖いんだもん
・大人は間違えないなんて言わないで：だってそうじゃないって分かるとショックだから
・親だから謝らないなんて思わないで：だってママが謝った時、すごくやさしく見えたもん

　これは「子どもからのメッセージ」を引用したものです。子どもと日々接しながらも子どもの視点に立つことを忘れがちです。彼らの世界はまだまだ不安に満ちています。だからこそ注意を引いたりすることで安心を求めます。安心できれば子どもは勇気に満たされます。

信頼関係を育てる

親のうそは子どもの信頼を裏切る

　子ども相手だからといって、うそをついていることはありませんか？　例えば、保育園に預けるときになかなか離れない子どもに対して「ママ、ちょっとトイレ」とかいって、姿を消したり。あるいは、「来なかったら、一人そこに置いとくよ」「言うこと聞かないとお巡りさんが来るよ」といった親の望みを通すための脅しめいたうそはどうでしょう。

　たとえ即効性があっても、これだけ子どもにはうそをつくなと言っていて、大人がうそをついていたら、子どももいずれうそをつくようになるでしょう。さらにまた双方いつうそをつかれるか分からない関係では親子の信頼が失われます。「うそ」をつかなくても、しつけはできます。そのため、子どもとの**信頼関係を壊すような「うそ」はつかない**ようにしましょう。

子どもでも事実を繕わなくてはならない時がある

　「うそは泥棒の始まり」というように、うそということばは決してよい響きはありません。しかし、大人でもしょっちゅううそをつくように、子どもでも知恵がついてくると事実を繕わなくてはならない事態が起こります。子どもは以下のような理由で事実を隠したり、繕ったりします。

- 怒られるのが嫌で。自分を守るため。「僕じゃない、XXだ」
- 注意を引くため。「パパが僕を叩くんだ」

- ほめられたいため。「これ僕一人でやったんだよ」
- 望んでいることを真実のように言う。「赤ちゃんが生まれるんだ」
- 空想や夢をあたかも現実のように話してしまう。「サンタさんが来たんだよ」
- 自分の失敗を隠すために。プライドから。「Eちゃんが壊したんだよ」
- 心配をかけたくないため。「痛くないよ。大丈夫だよ」
- 他の子をかばうため。「〇〇は悪くない。僕がいけなかったんだ」
- 親のうそをまねる。「言うこと聞かなかったらおもちゃ捨てちゃうからね」

　親はそのような事実でないことは見て見ぬふりをすべきか、あるいは話し合いが必要かを見極める必要があります。まず子どもがどうしてそのうそをつかなくてはいけない状況に至ったのか聞いてあげましょう。もし親を悲しませたくなかったからということであれば、うそをつかなくてもよいアプローチはなかったか一緒に考えるようにします。また、うそを繰り返すことは信用を失うかもしれないことも話し合いましょう。さらに、子どもがうそをつかなくてはならない状況に追い込まれていなかったかも振り返ってみてください。最後に、正直に本当のことが言えた時は、その勇気をほめてあげましょう。本当のことが言えることの大切さを知った時、子どもは誠実な生き方を選ぶようになります。

子どもにも言えないことがある

　親は子どものことはすべて知っておきたいと望むものです。「マ

マにはなんでも話せるでしょ！」「パパとは秘密はなしだぞ」「怒らないから話してごらん」というように、なんとか聞き出そうとするでしょう。しかし、知恵がついてくれば、言えないことも出てきます。恥ずかしい、怒られる、言うなと人と約束した、親が悲しむなど、なんらかの言えない理由があるのでしょう。

　そのことを理解し、「どうしても言いたくなければ言わなくてもいいよ」とプレッシャーから解放させてあげましょう。隠していることは苦しいことです。子どもが話したいと思う時に話してくれることを信じましょう。誰かが傷つく、本人が傷つく、危険を伴うような問題とならないのであれば、子どもの言いたくない気持ちをくみとってあげましょう。

子どもの持っている力を信じて励ます

　子どもが自分に自信を持つことができれば、さまざまな人生のチャレンジに向かうことができます。しかし、自信はさまざまな試練を通して身につきます。その間、親は子どもの持っている力を信じて応援してあげましょう。

　子どもは怖がるでしょうが、子どもを信じるということは「君ならできる」「自分を信じて！」と励まし、荒波の中に送り出すことです。親の愛情とは子どもの成長に必要な困難に立ち向かわせ、それを乗り越える力をつけさせることです。子どもは**親に信じてもらえていると思えば、がんばろうという意欲が湧きます。**

　歩き始めの子どもが転ぶのはかわいそうですが、子どもは転んではまた立ち上がる繰り返しの中で足腰の筋肉を鍛えます。その転倒の繰り返しが歩くこと、走ること、やがてジャンプすることにつながります。そのため子どもがいずれジャンプできることを信じて、励ますのです。

娘の10年後の告白

　娘が小学2年生の頃、ハムスターを飼っていました。しかし、ある日、そのハムスターが姿を消しました。10年後、娘はハムスターの行方を告白しました。なんとケージから出して遊んでいたら、ソファのクッションの下で誤ってつぶしてしまったそうでした。おそらく、殺してしまったことへの罪悪感に、苦しめられていたのでしょう。しかし、私は「よく、長いこと言わずにいられたわね。つらかったでしょう」と、むしろ彼女が10年もの長い間、自分の過ちを小さな胸に秘め、じっと耐えていたことに心を打たれました。

子どもを理解する

親に聞く姿勢があれば子どもは自分で答えを出す

子どもが親に叱られる場面で気づくことはほとんどの親が一方的に話し、子どもに話すチャンスを与えていないことです。お説教、アドバイス、人生の教訓を次から次へとレクチャーします。子どもは情報量に圧倒され、親のしゃべる速さについていけません。そのため説教の内容よりも、「もういい？　終わり？」といった態度に変わります。

1　まず子ども側の視点に立ってみて彼らの考えに耳を傾けてみましょう。
　　どうしたの？（まず何が起きたのか、どうしてそのような行動をとったのか。本人なりに理由があったはずです）

2　それはいいことだったの？　それともよくなかったこと？（本人にとっては正当な行動であっても、相手の立場に立った時それはどうかを考えさせましょう）

3　ではどうすればよかったと思う？（答えは一つではないかもしれません。他にチョイスがなかったか考えさせましょう）

4　どうしてその選択のほうがよいと思ったの？

親がこうすべきだと答えを出すのは簡単です。教訓も伝えたいでしょう。しかし、これらは親の目的であり、子どもの頭に残るかどうかは疑問です。**子どもは自分で考え、自分で答えを出せば**

体験となって残ります。親の役割は考える材料を提供するだけで十分です。そのための問いかけです。答えは子ども自身が出すように導きましょう。

　また、親でも答えられないものもあるでしょう。分からないことは「どうしてだろうね」「どうしたらいいんだろうね」と一緒に悩めばいいのです。時にはただ話を聞いてもらいたいと願っているだけかもしれません。そのような時でも、聞く側に徹し、アドバイスをしたい気持ちをグッと抑えて、子どもに答えを出させましょう。

子どもの全身からの訴えを理解する

　子どもは何よりも親に自分を分かってほしい、認めてほしい、と願っています。子どもの話を聞くということは、ことばだけでは伝わってきません。子どもが何に興味を持っているのか、どのような壁にぶつかっているのかは案外ささいな子どもの反応からも分かります。

　子どもを理解するためには、うなずき、ことばを変えて聞き返し、表情においても子どもの気持ちと共感する表情で返すことが大切です。「そうか、おもちゃを取られちゃったのね」と状況を確かめ、次に「そうか、取られて悔しかったのね」と子どもの気持ちをことばに変えて確かめ、心に寄り添いましょう。

　まだことばで十分表現できない子どもは行動で伝えようとします。例えば、甘える、注意を引く、泣く、怒る、物を投げる、何かに当たるといった行動です。まったく黙ってしまう子もいれば、やたら怒鳴り散らす子もいるでしょう。それも彼らにとってはコミュニケーションです。また泣くことで、悔しい思いを発散しているのかもしれません。そこで「うるさいから静かにして！」「い

つまで泣いてるのよ〜！ いい加減にしてよ」ではなく、「そうか、悔しかったのね」と気持ちを添えてあげましょう。

子どもとの楽しい会話の進め方

子どもと話す場合の話し方というものがあります。それは子どもの理解できることばとレベルで話すことはもちろんですが、子どもを傷つけないように心掛けることです。それができると子どもとの会話ほど楽しいものはありません。ぜひ、以下のことを心得て子どもとの会話を楽しんでみてください。

- 子どもが話したいとアプローチしてきた時がチャンス（タイミングを逃さないように）。
- 子どもが楽しいと思えること、話したいことを話させる。
- 子どもに会話の主導権を取らせる。
- 子どもが小さかったら、子どもの目の高さに自分を持っていく（しゃがむなど）。
- 子どもの目を見ながら話す（ティーンエージャーの場合、目をそらすかもしれませんが、聞いているはずです）。
- 何かをしながらではなく、聞くことに集中する。
- 子どもが話し終わるまで忍耐強く聞き、話を中断しない。
- 子どもの話を本当に理解したかどうか別な言い方に置き換えて確かめる。
- 子どもの気持ちに寄り添うように共感する。
- 子どもの理解できるレベルでことばづかいを選んで話し、難しいことばは説明で補う。
- 話すときは子どもが理解できるスピードでゆっくり話す。
- 子どもが理解しているか確かめながら話を続ける。

- 不明な点は質問するなりして、勝手な思い込みはしない。
- 親から質問を投げかける（「○○くんはどう思った？」「そして、どうなったの？」「それから？」と会話が続くような質問を）。
- 子どもの興味を引くにはジェスチャーを交えたり、声のトーンを変えたりする。

子どもが勇気を持って告白した時

　子どもとは難しい会話もしなくてはならないときもあるでしょう。誰かを傷つけたり、自分を傷つけたり、思いつめていたり。それでもしっかりと向き合い、子どもの心をかばいながら、以下の点を心得て話し合ってください。

- 忙しくてもまず深呼吸をし、気持ちを落ち着かせ、子どもの話を聞く姿勢をとる。
- 感情的にならない（声をあげない。親の表情はことば以上に子どもに伝わる）。
- 肯定的な受け答えをする（本人が勇気を振るって告白したことを評価する）。
- 「なんて意地悪なの！」と子どもの人格を否定しない（行動にフォーカス）。
- 子どもを責めない（「あんたも悪かったんでしょ！」と言わない）。
- 批判せず、子どもの意見を尊重する（本人も理由あってのこと）。
- 「お母さん」「お父さん」を主語にした会話をする。
- 「あんた」「おまえ」「てめえ」といった攻撃的で見下すよう

な名称は使わない（名前を使う）。

・説教をせず、会話をする（本人の口から学んだことを話させる）。

・よく話してくれたなら、その勇気を称え、最後に抱きしめてあげる。

コラム column

答えが一つではない質問をする

　子どもには自分の意見を表現できる機会をたくさん提供しましょう。本を読んであげたら、「○○ちゃんだったら、どうした？」というように、子どもにどう感じたかの感想を必ず聞きましょう。そして、想像力が生かされる、オープンで自由に答えられる質問をたくさん投げかけましょう。「１億円あったら、何に使う？」「子どもでいることの大変さって何？」「今日、どこへでも行けるとしたら、どこへ行きたい？」「神様に会ったら、どんな質問したい？」「もしお姉さん（兄、弟、妹）になれたら何したい？」と子どもの想像力と考える力を育ててあげてください。

人生の先輩としての手本となる

子どもは親の行動を見て学んでいる

　「子どもは親の後ろ姿を見て育つ」といいます。**親は手本であり、子どもに大きな影響を及ぼします。**18年という歳月にわたり、するどい観察力で、親の思考パターン、価値観、人間関係、生活習慣、人生への姿勢に至るまで自分の中に取り入れていきます。さらに問題が起きたときの対処の仕方、ストレスへの対処の仕方などを目で見て、耳で聞き、肌で感じ、吸収しています。それだけに親は自分の言動、行動すべてにおいて子どもの手本となっているか意識する必要があるでしょう。皆さんの自分へのしつけはどうでしょう？

　子どもが家庭を持ったとき、まず「うちはこうだった」と自分の身に染みついている自分が育った家庭が反射的に出ます。それはドラマで見た家庭でもありません。そのため、自分の親がよい手本ではなかったと気づいたら、自分はよい手本となると決心してください。

感情が安定している親のもとで子どもは安心を得る

　自分の思うようにならないと、幼児であれば、癇癪を起こし、ティーンエージャーであれば暴言を吐いたり、ドアを思いっきり閉じたりするでしょう。それに対して親はどのように反応しているでしょうか？　子どもが怒鳴れば怒鳴り返すでは子どもと同じレベルに自分を下げることになります。これでは子どもからのリスペクトを得ることはできません。大切なのは自分の**感情をうま**

くコントロールすることです。親が平静を保てていれば子どもは安心します。子どもの不安定な感情を受け止めるにも、親自身が冷静でなくてはなりません。

　感情に振り回されるようであれば、まずは深呼吸を6回。それでも感情が収まらないようであれば、その場をちょっと離れて冷静さを取り戻してきましょう。疲れてイライラしているようであれば、セルフケアに努めてください。

コラム column

1 – 2 – 3 Magic

　トーマス・フェラムというアメリカの子育ての専門家は、子どもの行動でイライラしたら3つ数えることを勧めています。これは子どもに向かって数えるのですが、実際は親自身が自分を落ち着かせるためでもあります。

　例えば、きょうだいげんか。親は「いつも言ってるでしょ。人をぶっちゃいけないって。何度言ったら分かるの！ ○○が痛いって言ってるの分からないの？ いつになったらやめるの！」と永遠に叫んでいませんか。それでは子どもの問題行動にフォーカスしているので親はますますイライラしてしまいます。

　しかし、ここでたったの一言「はい、1」そして5秒ほど置いて、「はい、2」と言います。そして、それでもやめなかったら「はい、3、おしまい！」それでも行いを改めなかったら、それなりのつぐないを「じゃ、今日はゲームなしね」と伝えます。これを習慣化すれば子どもはもう1と聞いただけで問題行動を止めるでしょう。試してみてください。

自己肯定感を育てる

認めてあげることで子どもの自信は育つ

　子どもを認めるということは子どもをその子として、その子らしさのよいも悪いもすべて受け止めることです。また、子どもの達成できたことに対して、「よくがんばったね」「すごいじゃん」というように頑張った功績や努力した結果をことばにして認めてあげることです。さらに、認めるということは、「バイクなんて危ないんじゃない？」「そんな所へ一人で行って大丈夫なの？」とその子のことを心配している、気にかけている、ということを伝えることです。

　このように子どもは親に認められ、心配してくれていることがうれしいのです。それは愛されているということでもあるからです。親の愛情は子どもにとって生きる源、エネルギー源ともいえるでしょう。**認められていると感じている子どもは自分に自信と自己肯定感がつきます。**その自信は世の中の多くのチャレンジに向き合う勇気に変わります。

ほめられて育つ子どもは自分に自信がつく

　海外でも子どもを一個人とみなす国では子どものよい行いに対しては、「すごい！」「やったね！」と、親でもきちんと口に出してほめます。そして本人自身、「すごいでしょ！」「えらいでしょ」というように自慢げに評価するほどです。しかし、もともと日本の文化ではわが子をほめることはあまりしません。それは子どもは親の一部であり、自分をほめることは傲慢と受け止められるか

らです。さらに日本は謙遜を美徳とする文化があります。

　しかし、最近ではほめられずに育つ子どもは、認められなかったため愛されていないと受け止め、自信が育たないことが分かってきました。そのため、子どもをほめることを奨励するようになりました。それでもやたらほめればよいわけではなく、**子どもが頑張った功績に対し、また本人がほめてほしいものに対してほめましょう。**「すごいわね。ゲームの天才だね」「上手に読めたわね」と、ぜひ、ことばにして伝えてください。

　多くの親はあまり親にほめられずに育てられました。そのため、見本がないだけにどうほめたらよいのか迷い、ためらう親もいます。最初のうちは照れくさく、ぎこちなくても繰り返し口に出してみてください。やがて自然となるでしょう。そして、ほめることによって子どもに自信がついていくのに気づくと思います。世の中の苦難に立ち向かい、乗り越えることができるのもその自信があってこそです。

子どもへの励ましは自信につながる

　子どもは自分の力で道を開いていきます。本人しか行動を起こすことはできません。そのため、親ができることは見守り、励ますことだけなのです。例えば、ハイハイを始めた赤ちゃんに親はどのようにハイハイをしたらよいかは教えられません。子どもが自ら探し当てなくてはなりません。親ができることはエールを送るだけです。大きくなっても同じです。子どもは自分のペースで、自分の力で試行錯誤を繰り返しながら学んでいきます。私たちができることは**子どもの力を信じて励ますこと**です。子どもの代わりはできません。代わりをしたら、子どもは「なんだ、やってもらえるんだ」「僕の力を信じてくれないんだ」とやる気を失うで

しょう。

　子どもにとって親の励ましは一番の力となります。それは信頼している親のことばだからです。そのためにも子どもの「できる！」を信じて応援してあげましょう。

子どもの才能も親の励ましで伸びる

　どの子どもでも才能を持って生まれてきています。それは天から与えられたギフトともいえるでしょう。まずは何に興味を示しているか、何を得意としているか、何をしているとき生き生きしているかで分かります。親はその子どもの興味、才能が伸びるように応援してあげることです。子どもがその興味に時間やエネルギーをつぎ込むことができれば、そこには成長が見られます。好きなことを生きがいあるいはキャリアにすることができたらこれ以上の幸せはありません。

　例えば、難病を抱えた子どもが医者になる、寝たきりの子どもが作家になる、全盲の子どもがピアニストになる。彼らは将来はあるだろうかと心配された子どもたちです。それでも彼らは与えらえたギフトを人のために生かすことができました。その苦難を乗り越えられたのも愛する人たちの励ましと支えがあったからです。ハンディのある自分の可能性を信じてくれる人がいたからです。それが親ではないでしょうか？

子どものよいところに目を向ける

　カウンセリングで「どんなお子さんですか？」と尋ねると「反抗ばかり」「いつもダラダラ」と子どもの欠点から伝える親もいます。そのような親は子どもの問題行動ばかりに目が向いているため、子どもの持っているよさが見えなくなっています。また子

どもを前にあるいは子どもの聞こえるところで「うちの子は要領悪くて」「あの子は頭が悪いから」「何やっても続かなくて……」と子どもについて話す親もいます。子どもの前でその子をけなすようなことは決して言わないように心がけてください。「悔しかったらそれをバネにしてほしい」と言いますが、悔しさから這い上がれるようになるのは、もう少し年齢を重ね、自分に自信がついてからです。ほとんどの子どもはそのようなネガティブなレッテルを貼られると、信頼している人に言われているだけに、「ああ、僕はどうせ何をしてもだめなんだ」「そうか、私は人間のクズなんだ」とまともに信じてしまいます。それは子どもの自己肯定感に大きなダメージとなります。

　子どもはこの先、さまざまな人と出会い、影響を受け、いくらでも変わります。親の感情から発したレッテルで子どもの成長を抑えないようにしてください。**その子が情熱を注いでいる好きなこと、これから伸びるであろうと思えるよさを見る目を養ってください。**不思議なことに子どものよいところを見つける習慣ができると、次から次へと子どものよさが見えてきます。

体にまつわるコメントには心配りを

　子どもの体について「なんか太ってきたんじゃない」「髪の毛まとめるの大変だわ」と、ついコメントすることはあると思います。しかし、軽い気持ちで言った一言でも子どもは敏感に受け止め、傷つき、生涯引きずることがあります。

　顔色が悪い、痩せてきているなど、健康上心配なことは指摘する必要がありますが、体に関するコメントは配慮が必要です。それは背の高さ、体格、容姿など遺伝子によるものは自分では変えようがないからです。これらは**その子の特徴であり、個性**です。

人はそれぞれ違うようにつくられています。これらの違いは決してよい、悪いと評価できるものではありません。いや、むしろ尊ぶべきその子だけに与えられた特徴だと伝えたいものです。また、黒い肌、縮れた髪の毛、低い背などがなぜネガティブに受け止められがちなのかも子どもと話し合うとよいでしょう。誰との比較から来るのか？　アフリカのように肌の色が濃い人が大半の国であれば、それは当たり前で、むしろ紫外線から肌を守り、その肌は美しいとされているかもしれません。

　そのためにも自分の特徴を子どもが受け入れられるようにポジティブに受け止められるように話しましょう。子どもは親を信じていますから、親に認められると、周りが自分のことをどう言おうと、ありのままの自分に自信を持つようになります。自分自身で自分はこれでいいんだと自分を認められるようになったらすばらしいですね。

　最後に親自身が「ああ、みっともないおなか」と自分の容姿についてネガティブに話していないか振り返ってみましょう。子どもにはやはり容姿は大切だと伝わるでしょう。表面的なことはその子の内面を表しません。そのためにも内面こそが重要で、それを磨いていくことが大切だと伝えましょう。

ことばのもたらすパワー

　何気ないようなことば。しかし、ことばのもたらすパワーを侮ってはいけません。ことばは人を生かすことも殺すこともできるからです。特に子どもにかけることばは栄養になります。一つ一つていねいに選んで伝えてください。子どもは親からの何気ない一言を一生覚えています。親のあの一言で自分は変わったというほどです。どうぞポジティブなことばかけ、子どもが伸びることばかけを心がけてください。

マルチ人種の子どもたちを思う

　現在ではおよそ30組に1組が国際結婚です。中には日本人とは外見が異なる子どももいるでしょう。これらの子どもたちは小さい頃から自分は何人なんだろう、と自分探し（アイデンティティーの模索）をします。周りでも、「□□くんは英語話すの？」「ハーフはかわいいね」「外人顔でよかったね」「なんでデニスなの？」と、周りからもみんなと違うことを意識させられます。

　親ができることはその過程を見守り、その子自身を認め、ポジティブな方向に目を向けられるように育てることです。そして、みんなと違っていてもいい、自分のユニークさを受け入れられるようになって初めて自分探しの旅も終盤を迎えるでしょう。

3

どういう子どもに育ってほしいか？

幸せを感じられる子どもに

人を愛せる子どもは幸せな子どもに育つ

　愛に満ちた世界は平和な世界でしょう。しかし、現実は人をねたみ、ののしり、批判、恨み、権力をかざし、争いごとも絶えません。それは、多くの人が愛することが分からないでいるからではないかと思います。つまり自分自身、大切にされた経験がなかったからではないかと思うのです。

　そのためにも子どもをこよなく愛することだと思います。何も見返りを求めず、その子のありのままを受け入れましょう。無条件の愛とは愛するなと言ってもやめられない愛です。迷子になった子どもが見つかった時に、「ああ、無事でよかった」と抱きしめる愛です。

　たくさんの愛情を受ければ、大切にされたため、自分を大切にすることができ、その自信と余裕から人を愛することができます。人を愛することができる子どもは幸せです。皆さんはもうすでにその愛を子どもに伝えているはずです。それは子どものしぐさから分かります。例えば2歳の子どもが泣いている子を心配そうに覗き込んだり、赤ちゃんが泣いていたらよしよしをするしぐさからも伺われます。皆さんが子どもに向けたやさしさがちゃんと伝わっている証拠です。

感謝できる子どもは幸せ

　感謝の心を育てることはなぜ大切なのでしょう？　それはまず人とのつながりがあっての自分がいることを認識するためです。

その人たちに感謝することで自己中心的な考えにブレーキがかかります。例えば「いただきます」一つとってもそれは自分たちが生きるために命を犠牲にした動物に、野菜を収穫してくれた人に、それを買えるように稼いでくれた人に、食事を作ってくれた人に、というように感謝は尽きないでしょう。

　また、いつも感謝できることを探している子どもは小さなことでも満足できるようになります。小さなことでも感謝に値することが分かれば、貪欲にならず、人と自分を比べず、ハッピーでいられるでしょう。欲が少なければ、あれがほしいこれがほしいとねだることも少なくなるでしょう。

　さらに感謝ができる子どもは幸せに満ちています。いつも笑顔で、その楽観的な姿勢は周りまで幸せにしてくれます。常に感謝の姿勢があれば、ものごとをポジティブに捉えるようになります。それは心への栄養を常に補給しているような状態です。植物ですら、愛情と感謝のことばをかけると発育がよいといいます。子どもたちではなおさらです。親も常に「ありがとうね」ということばかけを忘れないようにしましょう。

　最後に、感謝をすることを心がけている子どもは**精神的にも身体的にも健康**でしょう。寝る前に感謝することを考えれば、ストレスや不安から開放され、深い眠りにつくことができるでしょう。体中でポジティブなエネルギーとホルモンを出しているので、免疫力が高まるでしょう。

幸せを実感できる子どもに育てるには

　子どもに「幸せ」を教えるには、まず子ども自身がどういうときに「幸せ」を感じるか気づかせることです。案外、何気ないさいな日常の中で子どもは幸せを感じています。さらに親自身が

「幸せ」を感じていなかったら、それを子どもに伝えるのは難しいでしょう。

　幸せの定義は皆それぞれです。「あんな狭いとこで暮らしててかわいそう」「あの子、目が見えないんだよ、かわいそう」と子どもが言ったら、果たして本当にかわいそうかという話し合いが大切です。**幸せは周りが決めることではなく、自分が決めることです。**そのためにも子どもが将来、他人との比較ではなく、自分にとっての幸せを探せるように育てたいですね。

　また自分らしく生きることができる人は幸せです。人は皆、個性を持って生まれてきています。その個性に逆らわずに生きることができる子どもはハッピーです。そして幸せは考え方や姿勢次第です。「あなたを絶対に幸せにします」と誓う男性がいますが、モノや状況に幸せを求めたり、人に自分の幸せを託すには限界があります。自分の幸せは自分の責任です。自分でハッピーだと決めたら、誰もそれを否定できないでしょう。幸せを感じていれば、他の人にもその幸せを分けたくなります。それが思いやりや、やさしさとして表れます。世界が平和になるのも一人ひとりが幸せであってこそでしょう。

「自由」というチョイスを子どもたちに

　自由から得られる可能性は尊いものがあります。しかし、開放的に聞こえる反面、その大切さを理解し、維持する努力も伴います。さらに与えられた自由の中で起こす行動には責任が伴います。そのため、日本人の多くは自由を選ばず、安定を求めます。起業、フリーランスよりは収入の安定した正社員を選びます。

　しかし、自由があれば、どれだけ時間をつぎこもうと、何をしようと、すべて本人次第です。リスクを負う勇気は必要でも、可

能性は発想次第でいくらでもあり、成果に対する満足度はひときわでしょう。

　子どもたちには少なくとも自由な空間や環境に基づく仕事のスタイルもあるという選択肢を伝えたいものです。そのためにも子どもに「自由」な時間と空間を体験させ、自由がもたらす世界を体験させてあげてください。

コラム column

今日の「ありがとう」は何？

　文句や不満が多いときでも、落ち込んだときでも「ありがたい」と思えることを子どもと探す習慣をお勧めします。１日の終わりであれば自分はこれほどまでに恵まれていたのだと知ることで満たされた気持ちで眠りにつけるでしょう。毎日違うことを２歳なら２つ、３歳なら３つ、中高生になったら５つでも挙げられたらよいでしょう。「〇〇ちゃんと遊べたこと！」「ママのギュッ！」「お散歩行ったこと〜！」どんなささいなことでも「ありがとう」という気持ちで満たされればいいのです。

前に進む姿勢を持てる子どもに（積極性）

前向きな考えこそ子どもを幸せにする

　人は見方次第でいくらでも気持ちが左右されます。つまり、雨でイベントがキャンセルされても、それを「ええ、がっかり」と落胆するか、「そうだ、それなら○○をしよう！」と気持ちを切り替えることができるかです。状況を変えることはできなくても、状況をどのように捉え、自分にどう言い聞かせるかは自分で決められます。

　そのためにも子どもたちには考え方次第、捉え方次第、姿勢次第であることを教えましょう。**前向きな考え方、ポジティブ思考をマスターできたら、どのような状況の下でも自分を幸せにできます。**怒りもストレスもコントロールできるようになります。幸せが保証されるほどのスキルです。そのためにも親自身が前向きなポジティブな姿勢を子どもたちに見せてください。

失敗、挫折を通って打たれ強い子どもに

　このところちょっとしたストレスですぐへこんだり、「なんでこのくらいのことで諦めちゃうの？」と思うほどつまずくとそこから這い上がることができない子どもが増えています。大人になったら、失恋、解雇、ローン、事業に失敗、離婚とさまざまな壁が待ち受けています。そのたびに自傷行為に走ったり、うつになっては困ります。

　そのためには打たれ強い、簡単にはくじけない、精神的にタフな子どもに育てないといけません。それにより**たくさんの挫折と**

失敗を通ることで打たれ強い子となります。子どもが弱音を吐いたとき、以下のことばかけで励まし、いつか自分で自分を励ませるように育ててください。

- 楽観的な姿勢「まあ、なんとかなるさ」「こういうこともあるさ」
- ポジティブに受け止める「失敗から学べばいいさ」「これをきっかけに強くなって成長するんだ」
- 早く心（気持ち）を切り替える「またチャンスはあるさ」「また挑戦すればいいんだ」
- 諦めない「諦めたら負け。最後まで諦めない。立ち向かう」
- 失敗を受け入れる「きっとこれは僕には向いてなかったんだ。きっと僕に向いているものがあるはず。だからそれを探せばいいんだ」「失敗も無駄じゃなかった」
- 人生の道は一つではない「他を探せばいいさ」「こんなことで人生終わったわけじゃないんだから」
- 人生そのものが戦いと受け止める「僕だけじゃない。誰もがみんな戦ってるんだ。生きてるってそういうことなんだ」
- 背後に大きな支えがある自信「ママもパパも僕の味方だから大丈夫」「パパはいつも〇〇はできる！って言ってるもん」
- 家族がいるから元気になれる「チーちゃん（妹）、パピー（犬）がいるから楽しい。ママはギューしてくれる」「パパが大丈夫って言ってくれたもん」
- 一人で悩まなくていい「ばあちゃんにも聞いてみようかな？」「にいちゃんだったらどうするかな？」「こんなことで悩んでるの私だけかな？」
- 自分の力を信じられる「きっと僕にもできる」「できると思

えばけっこうできちゃうもんさ」

- 問題が多すぎてつぶされそうなら、まずは始められるところから「今日はこれだけならできる」
- 問題を誰かのせいにせず、どうしたら解決できるかを考える「いいさ、僕もいけなかったんだから。じゃ、何ができるかな」
- 過去に執着しない「もう終わったことはしょうがない。またやり直せばいいんだ」
- 周りが非難してもそれに影響されない自分を持っている「〇〇は僕のことバカって言うけど、僕は自分のことを知っている。僕は〇〇のいうような人間じゃない」
- 周りと比較しない「人は人。僕は僕。だから僕のペースでいけばいいんだ」
- 生きてさえいれば「命は大切だって教えてもらった。だから生きてさえいればなんとかなるさ」「今日生きてることに感謝！」
- 以前の体験を励ましとする「前もできたんだから今度もきっとできるさ」
- 今は苦しくてもいつか時間が解決する「つらいよ〜。けどきっと明日は元気になれる。あさってはもっと元気になる。そして１年後はこんなことがあったこともももう忘れてるよね」

アメリカ人の持つ自己肯定感

　自分に自信があるかないかは学業、キャリア、人間関係、生涯にわたって影響します。アメリカ人と比較すると、残念ながら日本人は控えめ、消極的、口数が少ないというように、自己肯定感においては低い評価です。国内だけに留まるのであれば評価され

ても、グローバルな人材には高い自己肯定感が求められます。

　私が勤めていたアメリカの軍隊では、さまざまな人種・言語・文化・習慣・信仰・学歴で構成されていました。考えも意見も、価値観も皆それぞれでした。意見のぶつかり合い、コミュニケーションによる誤解も日常茶飯事。しかし、すばらしい成果も期待でき、その成果はアメリカ人の高い自己肯定感にあると思いました。マイノリティーの人たちこそ堂々としていました。それは彼らが差別や偏見のある社会を生き抜くために養った強さでもあったのでしょう。

　自己主張はもちろんのこと独自の発想が評価されます。従来の考え方や視点を超えて考えてみることを強調します。自分のアイデアは自分だけの特許ですので、人のアイデアは決して盗んではいけないと小さい時から叩き込まれます。日本では習字にしろ、デッサンにしろ、うまくお手本を真似ることが評価されますが、アメリカでは人のアイデアをあたかも自分のもののように発表することは重い罪です。

やる気は「なんだろう？　知りたい」の興味から始まる

　よく子どもの怠慢さを嘆く親がいます。しかし、子どもは本来好奇心のかたまりのはずです。常に「これなんだろう？」といった好奇心から学んでいます。勉強にしても知らないことを知るのは楽しいはずです。それではなぜやる気が起こらない怠慢な子が増えているのでしょう？　以下の点を振り返ってみてください。

・規則正しい生活習慣を身につけさせているか？　3食栄養のバランスのとれた食事をとらせているか？　十分な睡眠は取れているか？　糖分の摂取が多すぎたり、脂っこいものばか

り食べさせていては体は怠慢になるばかり。

・毎日がハードスケジュールではないか？　疲れている可能性
　があります。

・子どもにやる気環境を与えているか？　自然の中には好奇心
　が湧く材料がいっぱいあります。

・友達との交流があるか？　仲間がいれば好奇心は倍増され
　ます。

・子どものやる気を摘み取ってこなかったか？　子どもの自分
　でやってみたいという自主性を尊重してきたか？

　子どもの好奇心は学びのチャンスです。子どもの興味を引き出
し、知りたいという欲求を応援し、子どもの発見をほめてあげま
しょう。そこで培った気力こそ生涯にわたって子どもを成長させ
るのですから。

努力をおしまない、諦めない精神が力となる

　平等があまりにも極端に向かうと、比較も競争もない社会と
なってしまいます。そこには順位という評価もないので、努力し
た子もその努力を評価されません。そうなると子どもたちは「な
んだ、別にがんばらなくたって賞をもらえるんだ」と努力が失せ
るでしょう。一等賞の価値もなくなります。

　それでも現実の世界はやはり競争の世界です。**最高峰に到達し
た人は粘り強い精神を持って諦めなかった人です。**また、たとえ
目標が得られなくても、自分なりの精いっぱいの努力を果たし、
自分の中で納得する結果が得られたのであれば、そこまでの過程
は無駄ではなかったはずです。たとえ負けたとしても、負けたこ
とがその人のアイデンティティーを決めるわけではありません。

勝負の世界では負けたものの方が多いのです。子どもたちは負ける経験も通らなくてはなりません。負けてもその経験は自分の成長へとつながるからです。オリンピックの金メダルもそこに到達するまでの負けたたくさんの経験が本人を強くしたのです。

「怖い」という気持ちに立ち向って生まれる勇気

　人生は怖いことでいっぱいです。それは「分からない」から「怖い」のです。特に「初めて」のこととなると足がすくんでしまうでしょう。初めての幼稚園、初めての子育て、というように実は人生はその「初めて」の連続です。特に子どもは人生経験が浅いので初めてでいっぱいです。怖いと感じるのも当然です。それでもその「怖い」という感情と向き合わなければ進めません。

　その「怖い」を乗り越えるには「勇気」しかありません。勇気とは「恐れ」に向き合うことも含み、正しくないことや身を守るための危険な誘惑に対して、ノーということも含みます。また、「失敗するかもしれない」「怒られるかも」「恥をかくかも」「拒否されるかも」といった不安、心配に立ち向かうことでもあります。「やっぱり謝らないと」「これはやっぱりおかしいから言わなければ」という状況でも「勇気」が試されます。

　それでも子どもは生まれ持って「勇気」があります。その証拠に小さい頃は怖いもの知らずでどんどん未知の世界を開いていきます。その勇気に気づかせてあげてください。さらに「勇気」を身につけさせるにはさまざまなチャレンジを経験させ、「怖い、けどやるっきゃない」と**「怖い」という感情を否定するのでなく、それを受け止めつつ、実行することです。**たとえ失敗しても少なくとも挑戦し、怖いに向き合った経験は次への挑戦への勇気となります。

体を動かすことが好きな子に

　外で遊ぶ子どもが年々減ってきているように思えます。都会で
は近くに公園がなかったり、一人で遊ばせるには危険であったり、
親は忙しくて見ていられなかったり、公園のルールが多すぎたり
と。さらに子どもたちは塾やおけいこで忙しく外で遊ぶ時間が
ないようです。アメリカのデータでは子どもが野外で過ごすのはわ
ずか1日30分ほど。それに対して電子機器の画面を見ている時
間は1日7時間というほどです。屋内でゲームばかりでは肥満に
なってしまいます。肥満が続けば将来、高血圧、糖尿病、心臓疾
患、ひざの痛み、などの病気以外にも精神的ないじめによる心の
病にかかる危険性があります。

　子どもは体を動かすことが好きなはずです。それは丈夫な骨や
筋肉を育てないといけないからです。さらに健康でいるためにも、
免疫力を高めるためにも体を動かさなくてはなりません。そのた
めにあふれんばかりのエネルギーを持っているのです。犬ですら
散歩に出させてもらっているのですから、子どもであればなおさ
らでしょう。

　そのためにもぜひ、**外が好き、体を動かすことが楽しいと思え
る子ども**に育てましょう。それは大人になっても習慣として続く
ためです。努めて体を動かすことができる環境と機会を与えてく
ださい。

どういう子どもに育ってほしいか？

自分にエールを送る

　子どもが何かに脅えていたり、弱音をはいたり、自信がないようなとき、親はさまざまな励ましのことばを贈るでしょう。しかし、本人が自分を励ますことができたら、親がいない場でも困難に立ち向かえます。アメリカでは、以下のような自己肯定感を高めるための声掛けがあります。

- I can do this!「絶対にできる！」
- I am strong!「僕は強いんだ！」（賢い、勇敢だ、我慢強い、など）
- I am loved！「僕は愛されてるんだ」
- I am special！「私はユニーク！」
- I believe in myself！「できるって信じてる！」
- I can face fears！「怖くなんかないぞ！」
- I like 〇〇!「私は〇〇が好き！」（学校、友達、自分、勉強）
- 〇〇 is with me！「〇〇がついてるもん」（ママ / パパ、神様）
- Today will be a great day！「今日は楽しい日になるもん」
- Everything will be OK！「大丈夫、心配ないさ！」
- I deserve respect！「私は大切にされているんだ」

自分で考え行動を起こせる子どもに（主体性）

自分のことは自分で決められる子に育てる

人間は誰でも操縦席に座りたいものです。つまり、コントロールしたい、といった自然な欲求があります。上司は自分の言うことを何でも聞く部下がかわいいでしょう。親も言うことを聞く「いい子」を望むでしょう。しかし、何でも言うことを聞くいい子に育ったら子育てに成功したといえるでしょうか？　言われるままの「いい子」では大人になって自分のことを決められなくなります。子どもが反抗するのは自分を持っている証拠です。自分はどうしたいかが分かっているからです。それゆえに生きる方向性を見いだすことができ、自立に向かうことができます。

自分ができることは自分でしたい、やりたいことを自分で決めたい、などは子どもが決めていいはずです。そのため、子どもには自分のことは自分で決める決定権を与えましょう。親の役割は**子どもが自分で決められるように育てること**です。

自分から行動を起こせる子に育てる

「うちの子は言われなければ、何もできないの！」と嘆く親がいます。また、「ほら、歯を磨いて」「お弁当持った？」と次から次へと指示を与えるのが親の役割と信じている人もいます。しかし、このように言われなくては動かない子どもにしているのは指示を与え続けた結果ともいえないでしょうか？

本来子どもは何でも自分でやりたいのです。自分で食べたい、自分で服を着たい、と何でも自分でできるようになることは喜び

であり、誇りです。2歳の子どもが「自分で！」と何でも自分で
やりたがるのがその証拠です。親が子どもの代わりを担っては、
子どもの自主性を踏みにじり、達成感を奪うことになります。ま
た子どもにとって自分がしたいことを決められることは誇りで
す。自信を育てるためにも、**まずは自分からやりたいと言ったら
やらせてみてください。**たとえうまくいかなくても、一度試せば、
次にはもっとうまくできるという自信につながります。親は「自
分がやった方が早い」と思うかもしれませんが、子どもが自分で
できるようになれば親は楽になると考えるのはいかがでしょう？

　子どもの自主性が育てば親は指示することから解放されます。
たまに「じゃ、次はなに？」「今度は何をするんだっけ？」と思
い出させるようにすればそれで十分です。さらに子どものやる気
が続くためにも「おお、きれいに歯みがけたね」「あら、もう準
備ができたんだ。すごい！」というようにほめてあげましょう。

正しいことを選ぶ訓練を

　私たちは時に誘惑に負けて間違った選択をすることがありま
す。判断を間違ったゆえに人生が狂うこともあります。「やっぱ
り学校を中退すべきでなかった」「もうやめろと言われた時にや
めておけばよかった」「悪いことと分かっていたのにすべきでな
かった」というように後悔します。

　間違った選択を最低限に抑えるためにも毎日の生活の中で常に
正しいことを選ぶ習慣をつけることが大切だと思います。間違っ
た判断をした場合、どのような結果となるのか。誘惑が立ちはだ
かったとき、ちょっとでも留まって考える時間を持つことは大切
です。

　それは子どもに問題解決能力が育っているかにも関わります。

特に答えがないような問題にぶつかったとき、選択肢を考え、そのいくつかの選択肢の中からどの対策が適切かと判断して選ぶことができるかどうかです。例えば誰かがいじめにあっているとしたら、その子を守った方がいいのか、関わらずに黙っていた方がいいのか、いじめっ子に立ち向かった方がいいのか、先生に伝えた方がいいのか、と選択肢がいくつか挙がるでしょう。その中で自分はどの行動を取るかです。私たちが生きている社会では常にこのような選択肢を求められます。だからこそ人を責めるのでもなく、問題から逃げるのでもなく、小さいうちから自分で問題を解決できる能力を養う必要があると思うのです。

責任を取れる子に育てる

子どもは責任逃れをするために自分の過ちを人のせいにすることがよくあります。しかし、子どもたちは**自分の言動、決断、行動に対して責任を取る**ということを学ばなくてはなりません。例えば自分が散らかしたら自分で片づける、人のものを壊したら弁償する、決めたスマホの利用代金を期日に払うということなどです。責任は年相応であることが重要です。さらに年齢が上がるにつれ責任は増え、重くなります。場合によっては親の協力がなくては果たせない責任もあることも覚えておく必要があります。

例えばペットを飼うということはどのような責任が伴うのでしょう？　まず、飼うと決めたら、ペットが亡くなるまで世話をすることになります。子ども一人にその責任はあまりにも負担となるので、家族全員が責任を担うことになるでしょう。誰が散歩をするのか、餌を与えるのか、水を替えるのかということもあります。その責任を怠るとどのようなことになるのか？　もし、その責任を取れないのなら、まだ飼う資格はないということにもな

るでしょう。

自分で考え、それを伝えられる力を身につける

日本の子どもたちに「〜についてどう思う？」と質問を持ちか
けても「分からない」という答えが多く返ってきます。「自分の
意見はないの？」と思うのですが、子どもたちばかりを責めるこ
とはできません。それは考える訓練が家庭でも学校でも十分行わ
れていないからです。例えば受験を前提とした教育では答えが一
つです。意見や感想に点数はつけられないからです。点数をつけ
る側にとっては便利でしょうが、それでは考える力が育ちません。

これからのグローバル社会で生き抜く子どもたちに求められる
ものは**自分で考え、自分の意見を持ち、それをきちんと相手に伝
えられるコミュニケーション能力です。**その第一歩は考える力を
養うことです。そのためには子どもにたくさんの質問を投げかけ、
本人の考える力を養ってください。例えば、欲しい物が手に入ら
ない状況でしたら、「なぜ欲しいの？」「どうしたら手に入ると思
う？」「もしどうしても手に入らなかったらどうする？」というよ
うに考えさせましょう。そして、最終的には自分で納得のいく答
えを出させるようにします。そうすれば、買ってくれない親を憎
むのでなく、手に入れられない状況に気づき、それならば、どう
したら手に入れられるかと方法を考えるようになります。そして、
たとえどのような考えを出しても、批判したり、否定せず、尊重
してあげてください。考えや意見によいも悪いもないからです。

タイムマネジメントの訓練を

大人になれば嫌なことでもやらなくてはなりません。しかもや
ることが多すぎるとストレスとなります。そこで優先順位をどの

ようにつけるかの能力が問われます。楽しいことばかりを優先するとどのような結果になるのか、子どもたち自ら体験を通して学ぶことが大切です。

　まず大変で嫌だけどやらなくてはいけないことから始め、後にお楽しみを持っていきます。例えば宿題をしたら外で遊べるというようにです。そのお楽しみがあるからこそ、頑張れるということも学べます。大きな課題であれば、いくつかに分けます。小さな課題であれば、大きな課題の間に入れれば、「やることリスト」から片付いていくでしょう。最後に完璧を求めず、無理であれば、できないことはリストから外すなど、助けを求める勇気を教えてください。

　子どもたちが迷っているようでしたら、優先順位の作り方を教えましょう。例えば、お部屋の片付け、宿題、外遊び、ピアノの練習、ゲーム、夕食の手伝い、自由時間、など「やること」をカードに書いて冷蔵庫に貼ります。次にカードを優先順位に並べ、終わったものから右の「終了」ボックスに移していきます。このようにすれば見えることで頭の中の整理ができるようになります。やがて、大きくなって頭の中で整理できるようになればストレスマネジメントにもつながるでしょう。

ファイナンシャル・マネジメントの訓練を

　日本ではお金イコール汚いというイメージがあったり、「子どもはお金のことは心配しなくていいのよ」と話す親もいます。ましてや学校ではお金の管理、貯金、予算の立て方、利子、投資などについて具体的には教えていません。

　しかし、ファイナンスについての知識がないと、使いすぎたり、借金を抱えたり、ローンに追われたり、とお金にまつわる問題に

直面しやすくなります。夫婦間でのトラブルの多くがお金にまつわる問題です。お金は決して汚いものではありません。生きるために必要な道具です。大切なことは**お金に支配されるのでなく、正しい扱い方、管理の仕方を学ぶこと**です。学校が教えないのであれば、家庭で教えるしかありません。子どもに小さいうちからお金に触れさせ、買い物をさせ、貯金をさせ、稼がせることです。チャリティーに寄付することも大切です。子どもにとって自分のお金で買いたいものを買うことはうれしいことです。子どもに任せられる額のお金を管理させれば将来お金に対する責任を学ぶことができます。

　アメリカではここに投資が加わります。アメリカにはモノポリーというゲームがあり、小さいうちからお金の賢い使い方、増やし方（資産運用）について学びます。特に資本主義のアメリカでは70％は使うお金とされています。それは消費者が物を買うことで経済が活性化するからです。それに対して日本では貯蓄に重きを置きます。このあたりは消費大国アメリカと貯金大国日本との大きな違いでしょうか。

快適な生活のための整理整頓

　みんなが気持ちよく快適に暮らすためには、きれいで使いやすい状態を保つことが大切です。そしてそれは家族の一員としての責任です。そのため、なぜ片付け、整理整頓が大切か、汚いとどうなるかを子どもの時から教えるようにしましょう。

● **不衛生**：食べ残しが放置されていたら虫がわきます。濡れたタオルを放置しておけばカビが生えます。「ばい菌さんが体に入ったらどうする？」

● **危険**：歩く所におもちゃが転がっていたら怪我をします。小さな

ものであれば下の子が口にしてしまいます。「けがしたら痛いよね」

- **ものが見つからない**：あるべき所にないと、それを探すのに時間が取られます。次に使う人の迷惑です。「あれ？ 〇〇、ないよ。どうする？」

- **イライラする**：散らかってる、食べ残しが足につく、ものが見つからないという状況には家族全員がイライラします。「片付いているとみんなハッピーだよね」

お片付けは時間を設け、危険のない程度に片付けられたら合格としましょう。そして、子どもが自分で片付けられる範囲のものだけを出しておくようにします。毎月おもちゃを交換すれば新鮮味もあるでしょう。色分けしたボックスを設けるなど、片付けやすい環境をつくることも効果的ですね。

親も片付けに加わり、ゲーム感覚で（サイコロの目の数を拾う、その色のものを集める、入れ物を汽車にたとえて駅ごとに拾う、よーいドンで誰が一番拾うか、歌に合わせて片付ける、など）楽しみましょう。また次の遊びにかかる前にお片付けを決めたり、自由に散らかせるコーナーを設けたりするのもいいですね。そして、片付けができた際は「まあ、上手にお片付けができたわね」「ああ、きれいになってうれしい！」と、成果に対してほめてあげましょう。

子どもとの暮らしは汚されるのが当たり前、うるさいのが当たり前、散らかっているのが当たり前、壊されるのが当たり前、物がなくなるのが当たり前です。むしろ子どものおもちゃが生活空間にある暮らしは微笑ましく「幸せ」とみてはいかがでしょうか？ そのように捉えれば、さほどイライラもしないのでは？ 子どもが巣立ってからは十分静かで、自由で、ぴかぴかと整頓された生活空間を楽しめます。

日米　ケンカへの対応の違い

　子ども同士のいざこざでも日米の違いが見られます。例えば、おもちゃの取り合い。日本人の場合、親が介入し、おもちゃを取られた子どもに対して「ごめんね」と言います。アメリカ人は子どもたちがどの程度問題を解決できるか観察します。フェアな解決ができたら介入はしません。相手を傷つけるような行為をしたら、その段階で介入します。そして、取られた子どもに取った子どもが謝るように仕向けます。この違いは、日本では子どもの行動は親の責任という考えが背後にあると思います。それに対してアメリカでは子どもがとった行動は子どもといえども子どもの責任という考えです。その後のフォローにしても、アメリカではまずは加害者へのフォローですが、日本ではむしろ被害者へのフォローが重視されるようです。

自分を変えないがんこな子こそ自立した子ども

　なぜ、がんこな子どもはやっかい扱いされてしまうのでしょう？それは親の目からすれば、なかなか言うことを聞かない子だからでしょう。しかし、見方を変えれば、がんこな子どもこそ自分をしっかり持っている子どもではないでしょうか？　自分の意思・意見・考えがあるからこそ、それを通したい思いが強いのです。それはこれからのグローバル社会で求められる要素です。

　また、がんこな子どもは、育てやすい子でもあると思います。言われなければ行動を起こせない、自主性に欠ける子どもと比べて、彼らは自分に自信があり、自己主張ができ、他の子に負けない強さがあり、諦めない粘り強さがあり、自主的に行動を起こします。これらの要素は学習面においてもプラスとなり、社会に出てもリーダーとしての能力を発揮することでしょう。

日本のアイデアを世界に

　これからのグローバル人材は、世界に向けて独自のアイデアを発信できる人だと思います。日本は多くのすばらしい研究開発を成し遂げてきました。しかし、最後の最後という段階で他の国に持っていかれるという過去がありました。もっと世界に広めるために未来の子どもたちには国際性と積極性を身につけ、堂々たるプレゼンテーションをするためのコミュニケーション能力を磨いてほしいと願います。そのためには自分の考えや意見を持ち、人前で自信を持って発表する場をたくさんこなすことが必要です。これからは英語が話せることはもちろんのこと、世界に通用する自分をもった人の活躍が求められます。

3

どういう子どもに育ってほしいか？

感情と上手につきあえる子どもに（感受性）

感情をことばに表して意思の疎通

　人間の感情は悲しみ、イライラ、嫉妬、怒り、落胆、驚きと複雑であるがために、子どもは特に感情をことばで表すことが苦手です。特に日本では「あうん」の文化の影響からか、ことばより行動で相手に気持ちを察してもらおうとしがちなので、親自身あまり感情をことばで表しません。しかし、グローバルな舞台で活躍する子どもたちは何を感じ、どのように受け止めているかをことばでも伝えられるコミュニケーション能力が求められます。

　そのためにも小さいうちから感情のことばに触れさせましょう。まず親が感情のことばを生活の中で伝えることから始め、子どもの伝えようとする気持ちを親が代わって「そうか、それはつらかったね」と、感情のことばに置き換えます。特に精神的な痛みを受けた時に子どもの心に寄り添うこと（共感）ができれば、子どもは自分の気持ちを親に受け止めてもらえたと安心します。逆に受け止めてもらえないと感情の伝え方が不器用となり、それが将来、人との関係、特に身近な人との関係に影響します。

　また、ものごとの感じ方によいも悪いもありませんので、子どもが感じたことを批判したり、否定したり、訂正したり、踏みにじらない配慮が必要です。なぜならば子どもは自分の気持ちを受け止めてもらえないと心を閉ざすからです。くやしい、むかつく、頭にきた、腹が立つ、泣きたい、不安といったネガティブな感情も他人や自分を傷つけない限り、口に出させるようにしましょう。感情に蓋をするようになると、それはつらいばかりか、いつ

か爆発します。そのようにならないためにも感情を表現できる安全な環境をつくってあげてください。そうすれば、問題行動は減り、きっと人の痛みが分かる思いやりのある子どもに育つことでしょう。

心を素直に開いてこそ自分らしくいられる

子どもには素直であってほしくても、年齢を増すごとに知恵がつき、自分を着飾るようになったり、自分の気持ちを偽るようにもなります。素直であったがゆえに傷つき、心を閉ざしてしまう経験もするでしょう。ネット上では何千という友達がいても、いざとなったら悩みを打ち明ける人は一人もいないかもしれません。

腹を割って話せる人がいない、心を許せる友がいない、というのはさみしいことです。**ありのままの自分を受け入れてもらえる人が一人でもいれば幸せ**です。自分の気持ちに素直になることは自分らしくいられることです。自由な気持ち、晴れやかな気持ちでもあります。相手を信頼し、心をあらわにすることは勇気のいることですが、いつまでも心をガードしていては相手も心を開かないでしょう。

そのためには、まず親自身がありのままの子どもを受け入れます。そして、自分の心と向き合い、ごく自然に悲しいときは涙を流し、うれしいときは心から喜ぶというように素直に感情を伝えるようにしましょう。

感情のコントロールは訓練が生む賜物

最近では子どもがすぐ切れる、モノを壊す、きょうだいやペットに当たる、暴言を吐く、といった行動を嘆く親も少なくありません。このような行動を放置しておけば、将来怒ったら人を殴る、

むかついたら放火する、といった反社会的な行動に出るかもしれないからです。さらに人との摩擦も増え、良好な関係を築けなければ、職場でも家庭でも問題は尽きることはありません。

　怒り、イライラ、嫉妬、妬み、恨みなどのネガティブな感情も自然な感情です。それでもこれらの感情に対してどのように反応するかは自分で決められます。そのためには子どもでも**感情に振り回されない、上手に向き合える方法を訓練させる**必要があります。子どもがイライラし始めたり、爆発しそうになったらその時が教えるチャンスです。以下を参考にして、怒りの感情との上手なつき合い方を練習してみてください。

1．感情を受け止め、高まっていることに気づかせる「分かった。悔しいんだね」

2．沈める努力をさせる「さあ、深く息を吸って」

3．子どもが状況をどのように感じたか口で言えるか聞く「どうしてぶったの？」

4．理由が分かったことで、どうしたらいいか話し合う「じゃ、どうしたらいいかな？」

　不満が収まらないようであれば、ボールをけりに行くなど、怒りのエネルギーをポジティブな方向へ向けるようにしましょう。癇癪が起きるのはたいてい空腹どき、疲れているときや寝不足のときなど、理性が働かなくなるときです。子どもの生活に無理がないかも見直してみてください。そして何よりも親自身が怒り、イライラ、失望、落胆、恐怖、などの感情にどのように対応しているか（プラス思考への切り替え、ユーモアで笑って飛ばす、音

楽を聞く、運動をする)、いま一度見直してみてください。最後に、暴力的なゲームやメディア、栄養のないものを与えてないかを見直すことも大切ですね。

我慢というセルフコントロールは生涯の財産

　我慢とはやりたいことがある、「けど今はできない」というように自分を抑制することです。欲求のままにしていたら「わがまま」と周りから受け止められ、友達も離れていくでしょう。そのようにならないためにも、子どもに「我慢」を教えなくてはなりません。なんでもかんでも自分の思うようにはならないのが、この世の常ということを伝える必要があります。

　子どもは我慢の先に何があるのか分かりません。なぜこんな苦しい思いをしなくてはならないのかが見えません。だから苦しさから逃れようと、親を困らせます。しかし、大人はその先が見えます。そのため、先のことに気づかせ、励まし、導くのが親の努めです。そして、我慢できたらほめましょう。例えば、もっとゲームをしたかったのに宿題を先に終えることができたら、「宿題を先にしてえらかったね」と自分の欲求を克服してやるべきことをなしえたその行動をほめてあげるのです。

　「苦しさを乗り越えた上での勝利」ということばがありますが、つらい思いを通ってこそ、人は大きく成長します。我慢の結果、目標を達成できれば、それは自信や自己肯定感につながります。そのため**頑張る粘り強さ、辛抱強さ、我慢を子どもたちの中に育てることは生涯の財産**となります。

感情をつかさどる前頭葉

　感情のコントロールや善悪の判断をつかさどる脳の機能は前頭葉とされています。しかし、前頭葉は25歳くらいになるまで完成しないといわれています。そのため、思春期の子どもはそんなことをしたら結果が分かりそうな「バカなこと」を時々します。親が「なぜそんなことをしたの?」と聞けば「分からない」と子どもが答えるのはそのせいです。行動に起こす前に考えていない、または考えられないのです。そのためにも彼らが理性に基づく判断がまだ未熟であることを理解し、親は予想される結果を伝え、本人が行動する前に考えさせましょう。

人とのつながりに喜びを感じられる子どもに
（社会性）

人とのつながりは幸せを呼ぶ

　テクノロジーが進化する中で、今、問題となっているのが人との関係をうまく保てない大人が増えていることです。オンラインを中心とした生活では人と交わる機会が減ります。しかし、SNS上でのコミュニケーションは文字だけのコミュニケーションです。対面で得られるちょっとした体のしぐさ、手の動き、顔の表情、声のトーンといったコミュニケーションに欠けます。そのため、相手が見えないだけに平気で中傷するような発言をしたり、「空気が読めない」ため相手がどのように思うかなどの配慮に欠けます。捉え方によっては多くの誤解が生まれます。

　人間は本来社会的な動物です。時代がどんなに進化しても、**人は人との良好な交わりの中で幸せを感じます。**しかし、自分だけの世界にいては社交性は育ちません。どうしたら相手が心地よいと思える行動やことばかけができるのか？　相手を思いやり、迷惑をかけない交わり方とは何なのか？　人との関わりが主体となる家庭で、その訓練が行われることが大切です。

　そのためにも、たとえ面倒と思っても、子どもたちには人と交わる喜びを体験させてください。家族同士でのBBQ、コミュニティーセンターでの親子イベント、家庭に人を招くといった、「ああ、そういうの面倒くさい」と避けてきたことが大切なのです。友達同士の摩擦、もまれる経験は良好な関係を築くのにつながります。

どういう子どもに育ってほしいか？

挨拶は人とのつながりをつくるきっかけ

　挨拶とは、「こんにちは」「おはようございます」だけではありません。挨拶とは人と関わりを求める会話のスタートです。英語では「どうしてる？」と聞き、日本語でも「忙しい？」と声掛けをします。つまり、**挨拶やマナーは人と暮らす中でお互いに心地よい関係をつくるきっかけ**とも言えるでしょう。赤ちゃんですら目が合えばニコッと笑います。1歳児は動物や植物に至るまで「こんにちは」と率先して挨拶をします。挨拶はこの世の中を平和に、明るく、元気にします。挨拶をする子どもに目がいきますので治安が保たれます。

　海外で子育てをしている人たちの多くが「海外での子育ては楽だった」と言いますが、その背景には、共通して自然に挨拶が交わされていることでした。赤ちゃんを連れていれば、「かわいいわね」「いくつ？」というように周りの人が声をかけてきます。その一言が異国で子育てをする孤立しがちな彼女たちの救いとなっていました。

　まずは家の中で夫婦も子どもも、「おはよう」「いただきます」「ごちそうさま」「いってらっしゃい」「お帰りなさい」「お休みなさい」「ありがとう」「ごめんなさい」からスタートです。ぜひ、人との関わりやつながりに喜びを感じる子どもに育ててください。

誰でも尊敬されるに値する

　子どもに尊敬するということ（リスペクト）を教えるのは容易ではありません。特に日本は上下関係の文化がありリスペクトが育ちにくい環境があります。子どもと女は社会的に低い地位とされ、部落民、先住民、外国人に対しても排他的な扱いをしてきた

歴史があります。

　しかし、リスペクトがないと障がい者やホームレスなどの弱い立場の人をいじめたり、社会のマナーをわきまえなかったり、平気で公共のものを壊したり、人との関係にも大きな亀裂をもたらします。子どもも親にリスペクトを示さなくてはなりません。子どもがぶってきたり、暴言を吐いたらすぐその場で訂正する必要があります。自分に対するリスペクトがなければ、自分を好きになることができず、自尊心が育たないからです。

　そのためにも子どもには人だけに限らず動物や自然に対してもリスペクトを示すことを教える必要があります。**尊敬とは自分がしてほしいように相手にも同じように接すること**です。相手のことを大切にし、心を込めて接することです。相手をバカにしない、侮辱しない、差別しない、支配しないことです。まずは家庭において互いをリスペクトすることを実行してみてはいかがでしょう？　特にこれからグローバルな社会で多種多様な人種と共に生きていく子どもたちにはリスペクトを持つ姿勢が問われます。

みんな違うからこそこの世の中はおもしろい

　グローバルな視点を持てる子どもに育てたかったら、多様性に関して寛容になることを教えなくてはなりません。例えば、同性同士が手をつないでいる、母親が5人もいて父親は1人という家庭など、子どもは小さいうちから自分の常識が試されます。そして子どもは「なぜあの人は足がないの？」「どうしてお手々でお話してるの？」「どうしてXX君にはパパがいないの？」という質問をすることで多様性を理解していきます。そのため親の反応は子どもの偏見を形付けることに大きく影響します。

　そのためにも親自身の多様性への捉え方が試されることでもあ

ります。子どもには**この社会は自分とは違う考えや価値観を持った人たちによって構成されている**ことを教えましょう。そして、違いにいい悪いはないこと、また、違いは必ずしも不幸ではないことを教えてください。

> ・障がいは不便であっても、決して不幸ではない
> ・みんな人間としては一緒
> ・皮膚の下はみんな同じ赤い血液が流れている
> ・うれしい、悲しいという感情は案外世界共通
> ・いろいろな人がいるからこそ、この世の中はおもしろい
> ・人の数だけユニークな生き方や人生がある

そして違いを認め合い、お互いに尊敬し合って生きていくことが、平和な社会をつくることには欠かせないことを、子どもたちに教えていきたいものです。

コラム column

帰国子女こそみんなユニーク

帰国子女、いわゆる海外で育って日本へ戻ってきた子どもたちは、なかなかユニークです。彼らは親の都合で海外で暮らし、滞在国で教育を受け、帰国しています。しかし、滞在していた国や都市、滞在期間、どの年齢で滞在したか、通った学校（日本人学校／現地校／インターナショナルスクール／ホームスクールなど）、どのくらい日本人と関わっていたか、親の姿勢、派遣元の企業の待遇など、みんな違います。そのため、帰国子女といったイメージや偏見は確かではありません。あくまでも本人自身のユニークさを知ることが大切です。

学ぶ楽しさが分かる子どもに

すべての子どもに教育を受けるチャンスを

　世界に目を向けると、勉強をしたくても学費が払えない、学校がない、親の教育への理解がない、家の仕事があるといった理由で学校へ行けない子どもたちが大勢います。それでも彼らの学習への意欲は「自分を成長させたい」「教育は貧しい生活を楽にする」「教育は村を変える」と人一倍です。

　日本の子どもたちは教育を受ける権利が保障されています。外国籍の子どもですら国際人権規約に基づいて無償で教育を受けられます。そのため、フリースクールでもホームスクールでも、ぜひ子どもには教育を受けさせてください。学校は知識を得る場だけではなく、自立する準備をする場でもあります。

- **人との関わりの中で学ぶ**：学校では人と関わることで人生について学び、自分発見をし、人間として成長します。また、団体生活の中でルール、チームでの成功、人間関係を学びます。
- **将来の可能性を広げる**：教育は子どもの将来の選択肢を広げます。また、自信にもつながります。その自信こそ、目標に向かっていく原動力となるでしょう。
- **人生の落とし穴から自分を守る**：教育があれば、お金の管理、ストレス管理、騙されないための知恵など危険から自分を守ることができます。
- **学ぶ楽しさを習得する場**：学ぶ楽しさや知識を得る喜びを小さいうちに習得した子どもは生涯において学び続け、自分を豊かにすることができます。

- **平和で安全な国を作る**：教育は国の財産でもあります。日本がここまで発展できたのも、安全で平和な国が維持されているのも、国民一人ひとりの高い教育レベルがなした技です。日本ではホームレスでも新聞を読んでいると驚かれます。

　人生の中で学生でいる期間はわずか4分の1です。勉強したくないと逃げるのは簡単でも、そのつけが回ってきます。教育を受けることを先送りしないようにしてください。脳がまだ柔軟な多感な時期だからこそ得られるものがあります。中卒というレッテルによって肩身の狭い思いをさせないためにも少なくとも高校だけは卒業できるように子どもを励ましてください。

学ぶことへのアプローチはいくつあってもよい

　本来学校は行きたいと思えるような楽しく安全な場所でなくてはなりません。しかし、さまざまな理由で子どもは行きたくても行けない事情を抱えてしまいます。不登校は後々まで引きずる可能性があります。それでも今はフリースクールのような選択肢も増えました。子どもが学びの場所へ行きたいのであれば、自分の子どもに合う所が見つかると信じて諦めないでください。

　それでも学校へ行かないあるいは行かせないというチョイスを選択するのであれば、学ぶ機会、社会性を身に付ける場は確保してください。基礎学習はオンラインでできるにしろ、学校という環境でしか得られないものがあります。そのため、学校に代わる子どもたちのたまり場、居場所を見つけてあげてください。

　子どもが自立できるだけの**最低限の教育さえ受けていれば、アプローチはその子にあったものでもよいのではないかと思います**。意思さえあれば将来いくらでも成功します。そして不登校というレッテルに苦しんでいるのであれば、学校へは行ってなくて

も子どもなりのペースで学んでいるのだという自信を持ちつつ見守ってあげてください。

興味を持つことに早いも遅いもない

親は、わが子が少しでも他の子どもたちより成長が早いとそれを誇りに思います。また、「何歳までに何々ができなくちゃ」「周りの子たちに遅れたら大変」と、親は周りの声から焦りを覚えます。しかし、急ぐことで得られることは何でしょう？　結局、スタートラインは早くても、ゴールに到達するのはだいたいみんな一緒なのでは？

英語にしてもピアノやバイオリンにしても小さいうちにとせかされます。しかし、子どもが**自主的に興味を持った時こそよいタイミング**ではないでしょうか？　子どもが興味を持つ時に遅いも早いもないでしょう。子どもはあくまでも「これはおもしろそう、やってみたい、楽しい」から学びます。そのためにも楽しんでいるかどうかが判断基準となります。また子どもは必要なスキルが必要になった時には自力で身に付けます。そこには無理強いもなければ親の期待のためでもありません。

私たち親にできることは、生演奏のコンサートやスポーツの公式試合に連れて行ったり、外国人の集まりに連れて行ったりと多くのきっかけに触れさせることです。そのような環境を与えられることで「自分もこれをしてみたい」に出合います。そして、「やってみたいな」と興味を示したら、そのチャンスを逃さないことです。

自然は生きる力を子どもに教えてくれる

子どもは自然体です。自然の中で最も生き生きとします。外に出れば遊び方など教えなくてもいいのです。自然の中では子ども

たちが先生です。

- 自然は学ぶ場です。知的好奇心、想像力を刺激し、楽しさを通して学びます。
- 自然に触れることで動物や植物への愛情が育ち、環境への関心や意識が高まります。
- 五感を通じて自然を体験すれば感性が育ちます。さわやかな風、やわらかな草、草の香り、と感性豊かな子どもに育ちます。
- 自然と体を動かすので骨や筋肉が鍛えられます。外気に触れることで肌や肺が鍛えられます。
- 自然の移り変わりを理解します。人間が自然と共存していることを学びます。
- 自然の中では危険も伴います。子どもは危険の回避を学びます。

コラム column

不登校 — アメリカ編

　ある日本人の娘さんが学校へ行くことを渋った時、母親は無理に行かせませんでした。しかし、学校では登校するようにとの指示で、挙げ句の果て、学校に配属された警察官が現れたほどでした。それだけアメリカでは学校へ行かないという選択肢を子どもに与えません。それは子どもは教育を受ける権利があるという観点からです。親が学校へ行かせる努力をしないと怠慢だと受け止められてしまいます。そのため、登校できない子どもには心理カウンセラーを含むチームが形成され、原因を探り、解決へと取り組みます。不登校児を出さないための予防対策にも多額な教育予算を組んでいます。

いじめへの対応 — アメリカ編

　アメリカではいじめが起きたら、まずいじめた側の更生にかかります。罰を与えるよりは、なぜいじめたかを探ります。さらに学校全体でポジティブかつ安全な環境をつくることでいじめ防止に取り組んでいます。

・いじめられた子には自信を
・いじめる子には自分の行いに対して責任を
・周りの人はいじめを止める勇気を

　そこにはいじめる側、いじめられる側、そのいじめを見ている側、さらに教育者や親、コミュニティーなど全体で取り組む体制があります。しかし、今ではネット上での陰湿な中傷などが家庭に帰ってからも続くのが深刻な問題となっています。

. . . .

試すことが目的の海外の習い事

　日本の習い事のほとんどはビジネスですので、お金がかかります。しかも1年分払わなくてはならなかったり、ユニフォームなど入会時に揃えるものが多かったりするとそう簡単にはやめられません。

　アメリカでは乗馬やヨットでも大変安く参加できます。それは子どもに可能性を与えたい、また子どもは稼いでないからお金は徴収しないという観点からのようです。そのため、団体や行政が補助をしたり、学校側で課外活動として提供しています。フランスではプロのインストラクターを雇ったりします。

　日本では続けることに重きを置く傾向があります。それに対して、イギリスでは3カ月ごとに放課後クラブの内容が変わるので、子どもたちは、アート、ヨガ、ドラム、テコンドー、ボクシング、などいろいろな活動を試すことができます。日本でも子どもが短期間試せるさまざまな活動が増えるといいですね。

自然が学びの教室 — 北欧編

　デンマーク、スウェーデン、ドイツなどでは「森の教室」といって、野外で学びます。例えば、どんぐり一つを通して、いくつ拾った？　何色？　表面はどう？　何か作れる？　投げてみようか？　食べれる？　というように算数、理科、工作、体育、を含み学習の幅が広がります。自ら興味を抱いたことを学びます。時には自然教育の専門家を招き、自然を大切にする精神、森で迷ったらどうするか、食べられる木の実やきのこ、食べられない植物などを学習します。

氷点下で赤ちゃんは野外でお昼寝（スウェーデン）

4

しつけるにあたっての心得

親のしつけへの姿勢

してよいことと悪いことを教えるのが「しつけ」

　子どもに善悪を教えることはしつけの基本です。それは皆さんがもうすでに幼稚園で学んだことです。人を叩いてはいけない、人の物を取ってはいけない、うそをつかない、悪いことをしたら謝る、危ないことはしない、人に迷惑をかけない、などです。

　それらはまだ善悪が分からない頃から教えてよいでしょう。なぜならば、いけないことは1歳であろうと5歳であろうと同じだからです。8カ月の赤ちゃんでも親は叩かれたら「痛い痛い」というようにいけない行為を指摘しているはずです。

　いけないことは繰り返し伝え続け、やがて3歳ぐらいになれば理解します。それまではよい行いをしたときはほめ、悪い行いに対しては何が悪かったかを伝えれば十分です。こうしろ、ああしろの命令だけでは子どもは「なぜ」を理解できません。肝心なことは「なぜ」それが悪い行いであるかを子どもが身をもって理解することです。

　やがて年齢が上がるにつれ、理屈ではない、道徳や倫理がからんできます。猫を飼ってはいけないのは分かっていても死にそうな猫を放っておけない、というように状況によってはルールがすべてでないことにも気づきます。そんな機会に世の中には答えがすぐ出ないことの方が多いことを考えさせましょう。

子どもとのよい関係があれば子どもは言うことを聞く

　「子どもが言うことを聞かない」といった悩みはよく聞きます。

しかし、指示に従わせようとする姿勢が子どもをコントロール（自分の思うように支配する）しようとする目的になっていないか十分注意する必要があります。言うことを聞かないのは、言われたことに何か反発する理由があるから、あるいは納得していないからかもしれません。

　また、子どもが反発的な行動ばかりする背景には関係の崩れがあるかもしれません。子どもが心を閉ざした時は「母さんは僕のことはもうどうでもいいと思ってるんだ」というように親が自分に関心を示していないことを訴えているのかもしれません。そのように受け止めているのであれば、親の言うことは素直には聞き入れないでしょう。その場合、関係の見直しが必要になります。

　関係がうまくいっているかどうかは、すべてそこにきちんとしたコミュニケーションと理解があるかによります。子どもが親の言うことを聞くのは親の意向が伝わり、子どもがそれに納得して初めて成り立ちます。一方的な押しつけは通用しません。

親は肝心なところに登場

　子どもの日常のいざこざ、きょうだいげんかに親はいちいち口を挟む必要はありません。すべてに関わっていては疲れますし、時間もないでしょう。子どもたちの問題は子ども同士で解決させましょう。子ども自身間違った行為をしている時は分かっているので「嫌がってるでしょ」などと、いちいちそれを指摘する必要はありません。場合によっては単に親の興味を引くための問題行動かもしれません。

　そのため、**親は危険が予想されるときはもちろんのこと、本当に介入が必要な事態のみに対応する**ことです。説教は控え、子どもたちがその行動を続けるとどういう結果になるのか、その結果

から学ばせましょう。親としてはどの問題は子どもたち自身で解決できるか、どの問題は親が介入すべきかの見極めをつけることが大切です。

子どものことは両親で一致

　日本の多くの家庭では母親が教育としつけの担当のようです。これは日本の性別役割分担から来ているものなのでしょう。これもママは甘い、パパは厳しいくらいであればまだしも、ママは許すがパパは許さないでは子育て方針の不一致が生じてしまいます。それは夫婦間の亀裂につながる恐れがあります。子どもは親がしつけのことで常にけんかをしているのでは不安になります。そして子どもは何が正しいのか分からず混乱してしまいます。

　子育ては**両親二人がチームとなって子どもを育てる**必要があります。そのため子どもに関することすべてに両親が一致していなくてはなりません。具体的には1日のスケジュールから始まり、食事、教育（学校、習い事）、しつけ、価値観、家での決まり事に至るまでです。意見が違っていたら話し合います。子どもに答えをすぐ求められても、「それはパパと相談してからね」というように子どものことは二人で決めていることを伝えましょう。

過保護であってはならない

　過保護な親は一見すると優しそうです。このような親は子どもが苦しむ姿を自分と重ねてしまい、自分が苦しいから子どもの代わりをします。しかし、結果的には甘やかしてしまいます。過保護な親は以下のような特徴があります。

・いけないことに対して「いけません」と言わない

- 子どもが自分でできることも親が率先してやってしまう
- 失敗から学ぶ経験をさせない
- 自立を促さない
- 我慢することを教えない
- 子どもの言いなりになっている

　最もダメージを受けているのは、このような親の元で育った子どもです。幼少期の子どもでしたら順番が守れない、人の物を横取りする、思いどおりにならないと癇癪を起こすなど、相手への配慮に欠け、自己中心的で、我慢ができません。自分でできることも面倒くさがり、結局「もう、しょうがないわね」と、親がすべてをやってしまいます。

　さらに過保護な親は「わが子のため」と言って、「こうすればあなたは幸せになるのよ」と学校、就職先、結婚相手に至るまで自分の価値観で決めてしまいます。それを親の愛情だと誤解しているのです。しかし、それは子どもの人生をコントロールしたい親のエゴからきているだけです。

　その結果、子どもは社会に出てもトラブルにつまずくと自分でどうしたらよいのかが分かりません。それは今までトラブルはすべて親が救ってきたからです。当然、うまくいかなければ決定した親のせいにし、親に対して強い恨みや怒りを抱きます。

　そのような子どもは、大人になって自分の家族を持っても、家庭で起きるトラブルが解決できないときは親に答えを求めるようになります。そして親が子どもを離さず、子どもも親から離れられない関係が生じます。そこに自立はありません。互いに依存している関係だからです。

過干渉であってはならない

　過干渉な親は自分の思うように子どもを従わせようとするので、とても厳しい親でもあります。子どもは親の期待に応えようと必死になるので常に親の顔色を伺います。常に親の監視下にあるので、ストレスから解放されません。そのせいか、痩せている子が目立ちます。それでも親は子どものためを思ってと言います。さらに「いい子」でも子どもらしくない「いい子」です。従順であるため、決定権もあまり与えられません。悪い子には近づかせないので、子どもはもまれることなく育つので年齢より幼くも映ります。よい成績を取っても親を満足させるのが目的なので、自分を失いがちです。

　それでも思春期を迎えて反抗できれば救われます。なぜ自分で決められないのか？　自分の意思が尊重されないのはおかしい、と自我に目覚めたら親の過干渉から逃れることができるでしょう。それでも失った幼少期に対して親をうらむかもしれません。その時は親の過ちを許してもらい、子どもの気持ちを受け止めてあげてください。

しつけるにあたっての心得

どうして言うことを聞かないかの原点を探る

問題行動の裏にある「なぜ?」を知る

　困った行動を繰り返すのが子どもです。特に幼児はまだ理性がきかず、本能で動いていることもあるので、人を噛む、人の物を無理やり取る、など親は叱ってばかりいることでしょう。しかし、子どもの問題行動は必ずしも親の理解と一致しているわけではありません。例えば、2歳児がコップの水をこぼしてもわざとこぼしたわけでも、気をつけていなかったからでもないかもしれません。そのためにも「困った子」「いたずらっ子」とレッテルを貼る前に子どもの行動の裏にある「なぜ」を考えてみましょう。子どもは以下のような理由で問題行動を起こすことが考えられます。

・まったく悪気はなく、その子の発達段階での表現法
・年齢からしてまだそこまでの成長に達していない
・疲れている、昼寝をしていなかった、おなかが空いている
・どこか具合が悪い
・親の愛情を求めている、甘えたい、親を独占したい、注意を引こうとしている
・正しいこと、求められていることがまだ分からない
・今したことが悪いことだったという認識がない
・周りの反応がおもしろいから、もっとそのリアクションを見たい
・自分の思いが通らず、不満、苛立っている、怒っている
・やりたくないことへの抵抗

- ストレスがかかっている
- 怖い、不安という気持ちがある
- 心が傷ついた、プライドが傷つけられた
- 自分では理解できない感情、調整が効かない感情に戸惑っている

　子どもでもジェラシー、不安、混乱などを感じます。そしてその不快な感情をなんとか沈ませようとします。しかし、まだどのように向き合ったらよいのか分からないのです。それが問題行動として表れることがあるのです。例えば、3歳児が急に赤ちゃん返りをしたり、赤ちゃんをつねったりする行為です。親は子どもの心理カウンセラーの役目も果たさなくてはなりません。

子どものストレスは問題行動に表れる

　子どもでもストレスは避けて通れません。しかし、子どもはうまくことばでは表現できないので問題行動で表したり、体の不調に表れることもあります。私は外国での生活を余儀なくされた子どもたちをサポートしてきました。彼らは新しい言語、環境、友達の中で相当なストレスを受けます。それは眠れない、食欲がないと体に表れたり、切れやすかったり、イライラしたりと精神面にも表れます。これらは子どもからのSOSであり、大人の助けを必要とします。

　荒れる、泣くなどの問題行動を叱るだけでは解決になりません。まずは子どもの様子を観察し、話を聞いてみましょう。その場合、決して「みんなも同じなのよ」と突き放さず、「それはつらかったね」とその子が素直に感じている不安、苛立ち、などの気持ちを受け止め、心に寄り添ってあげましょう。

　ストレスの原因が直接何であるかを理解し、それを軽減するな

り、除くことも大切ですが、原因が分からない場合もあります。また、どうしても通らなくてはならない通過点かもしれません。その場合は緊張から開放させ、気分転換を図るなどの配慮をしながら、励まし、サポートする側に回るとよいでしょう。

経験から教訓を学ばせる

子どもは「痛み」を通して大きく成長する

親にとって、子どもが苦しむ姿ほど見ていてつらいものはありません。それは子どもの痛みが自分の痛みのように伝わるからです。それでも親の役目は「痛み」に向かう勇気と乗り越える力を育てることです。失敗の毎日でも、それが許されなくては学ぶ機会を得ることができません。そのためにも**学びにつながるたくさんの失敗を経験させましょう。**子育てのゴールは自立です。子どもが迎える苦難は体と精神を鍛える、自立のための訓練の場であると認識する必要があります。蝶が羽ばたけるのも、あの固い殻を打ち破る過程で力をつけていったからです。人間が助けたら蝶は外の世界で生き延びることはできません。親は子どもの代わりはできません。

親ができることは、どんなに子どもが苦しみもがいていても、通らなくてはならない試練であれば、見守り、励ますしかありません。そして子どもの苦しみや痛みに「つらいよね、けど○○ならできるよ。もうちょっとだから頑張ろうね」と共感することです。「失敗してもいいから、とにかく試してみてごらん」というメッセージを送ることです。子どもが自らの力でその経験を通れば、達成感を習得します。そして、それこそが自分への自信につながり、次のチャレンジに挑むことができるようになります。

効果的なしつけ方

怒鳴らなくてもしつけはできる

　声をあげなくてはしつけができないと勘違いしている親がいます。確かに大声で怒鳴れば子どもは一時的にはその行動を止めるでしょう。しかし、それは怒鳴られるのが嫌だから従うのであって、望ましい行動は伝わりません。さらに怒鳴ることは決して体にもよくありません。血圧と心拍数が上がる、筋肉が緊張する、頭の血管も切れるかもしれません。

　冷静に、簡潔に望んでいることを伝えた方が子どもは行動を改めます。普通の声で「お片付けの時間よね。さあ、片付けてください」でよいのです。親が小さな声で話せば、子どもも自然とそれに合わせてくるでしょう。また、声が出せない障がいを持った親でも子どものしつけはできるのですから、ジェスチャーで「お片づけ」「静かに」などのサインを作るのもいいアイデアです。

子どもに手を上げなくてもしつけはできる

　アメリカでも昔はベルトで鞭打ったりと、体罰が行われていました。シンガポールでもつい最近まで竹の棒で叩く罰がありました。皆さんの中にも親に叩かれて育ったという方もいるでしょう。それでも体罰が及ぼす影響が分かるにつれ、今は減りつつあります。

　アメリカでは体罰はいけないと教えられているため、子どもは虐待を受けると「児童相談所に訴える」と親を脅すほどです。公の場で親が子どもを必要以上に叩けば、それこそ周りの人は黙っ

ていません。それでも子どもはまだ叩かれています。それは結果がすぐ出るからです。子どもは叩かれれば痛いので従います。動物の調教と同じです。鞭で打たれるから、あるいは打たれたくないから指示に従うのです。子どもは動物でしょうか？　**体罰はしつけではありません。**また、暴力は犯罪と同じです。外で犯罪であれば、家庭内でも同じです。それほど暴力は許されてはならない行為なのです。抵抗ができない子どもに対してはなおさらです。

体罰が子どもに与える影響とは

体罰は以下のような影響を子どもに及ぼすとされています。

- 叩かれて育った子どもはなぜ叩かれたというよりも、叩かれた事実と痛みだけが記憶に残る。
- 叩かれた瞬間は親に対して怒りの感情が湧く。親にいつか仕返しをするという憎しみを抱く。
- いつまたぶたれるか、常に親に脅えるといったストレス状態が続く。
- 叩かれている最中は自分を守るのに必死のため、正しい行いを考える余裕はない。
- 力づくでなく、ことばで解決するように言われているのに、親が叩くことに矛盾を感じる。
- なぜよくないかが伝わっていないので、次は見つからないように同じ行動をする。
- 暴力で言うことを聞かせると、子どもは暴力で問題を解決することを学ぶ。
- 子どもを自分の感情のはけ口としていると、子どもも自分の感情を暴力に出す。

- 暴力を受けた子どもはその腹いせに自分より弱い立場の対象にあたる。
- 暴力が絶えない家庭で育った子どもは、親になって自分の家族へも暴力を繰り返す。
- 暴力が絶えない家庭は緊張が解けない。そのような環境では健康も望めない。
- 暴力はエスカレートする。怒っているときは理性が働かない。加減もできない。

　体罰は子どもにダメージを与えるばかりか、死に至ることもあります。そのため、絶対に子どもには手を上げないと誓ってください。体罰は心に傷を負うばかりか、効果がないことも立証されています。多くの場合、親の一時的な感情のはけ口です。感情が高ぶったら、まず深呼吸をし、気持ちを落ち着かせましょう。場合によってはその場を一時的に離れ、落ち着いたら戻りましょう。

罰や脅しはしつけに使わない

　罰としつけとでは大きな違いがあります。しつけとはいけないこと、よいことを教えることです。それに対して罰は「約束をやぶったから1週間のトイレ掃除」というように痛みが伴うものです。多くの親は罰や脅しを利用して子どもに言うことを聞かせます。脅しにしても、「言うこと聞かなかったら、もうママ家出るからね」「悪い子にはお化けが来るよ」と恐怖をつのらせたり、「おまわりさんに叱られるよ」というように権威者の力を利用します。それは結果がすぐ出るからです。

　しかし、脅しも罰同様、子どもに正しいことを伝えていません。一時的にその行動を止めたとしても、この先、同じような状況に

遭遇した時に果たして子どもが正しい行動判断をし、それを実行できるかは疑問です。例えば、走行中のバスの中を歩き回るという行為を正すのに、「（運転手さんに）バスから降りなさいって言われるよ」「みんなちゃんと座ってるでしょ」ではないはずです。ここでは「バスが急に止まると転んで怪我するでしょ、だからちゃんと座ろうね」が子どもへの危険防止の教えです。子どもに「なぜ」を教えれば親がいないときでも自ら正しい行動を選ぶでしょう。

ポジティブな表現に置き換える

「〜したらダメでしょ」「約束やぶったら、〜はないからね」「やめて！」というように子どもはいつもネガティブな表現を浴びせられています。同じことでも「〜するといいよ」「お部屋を片付けた子は〜できるよ」というようにポジティブな伝え方に置き換えてみてはいかがでしょう。

また問題行動をポジティブな方向で発散できないでしょうか？例えば、どこでも上りたがることで「ダメ！」を連発しているのであれば、外に連れ出し、木でも遊具でも「さあ、どこまで登れるかな？」と登ることを奨励してみてはいかがでしょう？　将来はロッククライマーになるかもしれません。

何度も言わなくてもすむために

「歯磨いて」「靴下履いた？」「起きなさい」「寝なさい」と親は１日の大半を子どもに指示しているのではないでしょうか？指示ばかりで行動している子どもはおそらく指示がなければ自発的に行動を起こさないようになるでしょう。また、「何度言ったら分かるの！」と繰り返さなくては動かない子どもに親はイライラします。そして親は「うちの子は言われなければ何もしない」

と嘆きますが、実際は親がそのようにプログラム化させた可能性があります。さて、繰り返し言い続けるとどうなるのでしょう？

　まず子どもは何度も言われることに慣れてしまいます。そのため、何か言われても耳に入らなくなるかもしれません。ましてやどうせ何度も言うのだからあえて最後まで行動を起こさなくなりかねません。さて、伝え方はどうでしょう？　イライラなどの感情から発せられた指示では子どもはなおさら行動に移さなくなります。

　そのため「なぜ」しなくてはいけないかの理由を伝え続ければいいのです。つまり「歯を磨きなさい」を言い続けるのではなく、歯磨きを怠るとどうなるかが伝わっていれば、子どもは歯磨きの大切さを理解し行動に移すでしょう。人生の教訓や正しいことは伝え続ける必要があります。「母がよく言ってたのよね」というように大人になってからも思い出します。それでも言い過ぎず、言う時には簡潔に真剣に。時には言い方を変えたり、状況を選んで伝えたりすればそれほどの負担とはならないでしょう。

子どもに選択権を与える

　子どもにも意志があり、それを尊重しなければなりません。それならば、子どもの自分で決めたい力を信じてみてはいかがでしょう？　子どもにとって自分で選ぶことができるということはその能力を親に認められることでもあり、その自由が与えられることでもあります。そして、選んだことへの責任も学ぶでしょう。それではどのような選択肢を、どのように与えたらよいのでしょうか？

　最初は「赤？　それとも青？」というように２つくらいから始めるとよいでしょう。選択肢はどちらを選んでも親が納得できる

ものを与えます。例えば「今食べる？　それとも食べない？」ではなく、食べてほしいので「今食べる？　それともお片付けしてからにする？」となります。また、脅しや罰にならないように気をつけましょう。例えば静かにしてほしい場合でも「静かにする？それとも押し入れに入る？」では罰が選択肢の一つとなってしまいますので、そこは「パズルにする？　それともご本読む？」となります。

　またこのように普段子どもに選択権を与えていれば、いざ、親がどうしても決めなくてはならないときに、「だって、今までたくさん決めてただろ？　今度はお父さんの番ね」と親の意向を通しやすくなります。そして子どもがなかなか決められない時は、「じゃ、3つ数えるからそれでも決められなかったら、パパが決めるね」というように事前に伝えるようにします。（参考文献：Love & Logic; Jim & Charles Fay）

よい行いはほめることで身につく

　多くの親が「だめでしょ！」というように子どもの問題行動に対して叱ることが多いと思います。しかし、悪い行いに焦点を当てるより、**よい行いをほめることで望ましい行動を強調していく**のはいかがでしょう？

　そのためには子どもがよいことをするたびにほめてみてください。例えば、なかなか自分で起きられない子どもに対して「いつまで寝てるの！」「また遅刻するわよ」とネガティブな行動を指摘するのでなく、自分で起きることができた日には「自分で起きれたね。よくがんばったね！」というようにです。よい行いをするたびにほめられれば、子どもはうれしいので、さらにほめられたいので望ましい行いを続けるでしょう。

特権は行いを改める動機づけ

　「空手で進級した」「今週は一度も遅刻しなかった」など、よい行いや頑張って得たことに対して、「ご褒美」や「特権」を与えることは今後正しいことを選ぶよい動機づけになります。

　ご褒美にしても、ぜひ子どもに何が欲しいか聞いてみてはいかがでしょう？　子どもはモノやお金より案外親との時間を望むかもしれません。思春期の子どもでしたら、「特権」として自由を望むかもしれません。少しでも早く大人に近づきたいのであれば、子どももそれなりの責任ある行動を示すようになるでしょう。

間違った行いを正すにあたって

間違ったことを正す３つのステップ

　子どもに正しいことを学ばせるのには、なぜそのような行動が一番よい選択なのか、本人に考えさせることがもっとも効果的です。

1. 間違った選択や行動をしたら、まず、「どうしたの？」と聞きましょう。

2. 「どうしてそういうことをしたのかな？」もし、なぜそのような行動を取ったかが説明できるのであれば、本人の言い分を聞きましょう。

3. 「本当はどうしたらよかったのかな？」と何が正しい選択であったか、子どもから話させましょう。場合によっては謝る、繕うなど、どのように責任を取るのか聞きましょう。

　きょうだいや友達がいる前で叱ると本人のプライドが傷つくので配慮が必要です。日本では恥を通して更生させる文化が残っていますが、それでは何が正しいかはあまり伝わりません。大切なことは悪いことは悪いと子どもに理解させることです。恥ずかしい思いをしたから二度としないということではありません。

　また、本人の人格を傷つけたり、否定したりするようなことは言わないように気をつけます。例えば、「ひどい子ね！」「なんて意地悪な子なの！」ではなく、「叩いたら○○ちゃん、痛いでしょ？」と子どもが取った行動に対して相手がどのように傷ついたか、相

手の気持ちが分かるように伝えます。それは自分がそうされたらどういう気持ちになるのか理解し、そこから学ぶことです。

因果関係を通して正しい選択を学ぶ

自分が選択した行動の結果（因果関係）から学ぶことは子どもにとってよい教訓です。例えば、「勉強をしなかったから、成績が下がった」「自転車に鍵をかけなかったから盗まれた」「ぶったらぶち返された」というように、それらは自然の成り行きです。「そんな痛い目に合わせてまで」と思うかもしれませんが、教訓は体験から学びます。痛かったからこそその経験を二度としたくないので正しい行動を選ぶようになります。

さらにダメージに対して代償を払わなくてはならないことも子どもにとってはよい教訓です。例えば、「壁に落書きをしたら、それを消す」「人が大切にしていたものを壊したら、弁償する」など、間違った行動に対して責任を取ることです。

子どもには**選ぶ行動一つ一つに結果が伴う**ことを教えましょう。そして間違った選択をしたらどういう結果となるか、選択する前に考えさせるようにします。「よく考えたの？」「〜なったらどうするの？」と本人が気づいていないようなことがあれば、それを指摘する必要があります。

決まりを守れなかったら特権を失う

決まりを破ったらどうなるかを教える有効な手立てとして、特権を取り除く、または減らすという方法があります。例えば、決められた時間を過ぎてスマホをいじっているようであれば、1週間使用禁止というようにです。特権を取り除く場合は以下の点に気をつけます。

- 睡眠時間、食事、勉強で必要な教材など、子どもが生きるために必要なものは取らない。
- 特権とは必ずしも必要ではなくても子どもたちがあったらうれしいもの。
- 特権を失うことは罰ではなく、正しいことへの理解が目的。
- 特権は失っても、行動を改めたら、戻す。
- 態度を改める期間を明確に伝える。(「あなたを信頼できるようになったら」というあいまいな「いつまで」ではなく、具体的に「この1カ月毎日欠かさず宿題を終わらせたら」というように)
- 「じゃ、もうスマホも、テレビもダメ、ほしかったXXも買ってあげない!」など、いっぺんに多くの特権を取らない。(子どもは親に対して「理不尽だ! 不公平だ!」と憎しみを抱く)
- 感情的に特権を奪わない。(感情的になっている状態ではどの特権を抑えたらよいのかの判断ができない)

特権とは、子どもが自ら**正しい行動を選ぶ努力をして得られる**ものです。その正しい選択ができていることを証明しなくてはなりません。その行動なくしては得られないことを強調しましょう。

悪いことをしたら反省する時間を設ける

アメリカでは子どもが悪いことをすると、「タイムアウト」をよく使います。この方法は3歳から6歳くらいの子どもに有効です。まず悪いことをしたら一時的に反省する場所へ連れていき、そこでどうすればよかったかを考えさせます。反省時間は3歳なら3分、4歳なら4分と、だいたい年齢に応じて決めます。反省

時間が終わったら、なぜそこに送られたかを聞きます。子どもは間違いを認め、謝ります。この「反省時間」を実行する場合、いくつかの注意点があります。それは「言うこと聞かなかったら、お部屋よ」というように脅しや罰には使わないようにしてください。さらに親の一時的な感情で隔離しないようにしましょう。つまり、やってはいけないことをしたという理由での反省時間だからです。

　また、タイムアウトを定着させるには忍耐と体力が必要です。子どもは隔離されるのが嫌なので、親を何度でも試します。しかし、何十回と反省場所に送り続けることで子どもは親が本気であることを理解します。その後は楽になります。最初は大変ですが諦めないことです。

癇癪は鎮火を待つ

　公の場で癇癪が始まると親は気が気ではないでしょう。しかし、周りの目が気になるからと、そのたびに子どもの要求に応じていたら、子どもは暴れれば自分の思いが通ると受け止めます。また、動揺して子どもと一緒に大声を上げたり、感情をあらわにしては子どもの気持ちはさらに不安定になり、ますます荒れるでしょう。

　そのため、親はまず深呼吸をして自分自身の感情を鎮めましょう。もう火がついてしまったら鎮火を待つしかありません。安全を確保し、子どもが落ち着くのを待ちましょう。興奮が収まらないうちは、何を言っても無駄なので、そこはぐっとこらえます。子どもは落ち着いたら自分から話すでしょう。待つ間は子どもの気持ちや訴えを聞き入れる準備期間と受け止めてください。

　落ち着いたら、しっかりと抱きしめ、「よほど悔しいことがあったのね。話したい？」と子どもの気持ちに寄り添ってから、何が

起きたのか聞きましょう。ここで気をつけなくてはいけないこと
は、子どもを叱ったり、説教をしないことです。どうすべきだっ
たかを話すタイミングは、もう少し事態を振り返ることができる
ようになった後に設ける方がベターです。

　子どもがまだ小さいうちでしたら、気をそらすという手もあり
ます。たとえば何かに執着していたら、「そうだ、冷蔵庫にプリ
ンあったよね。もうできたかな？　見に行こうか？」というよう
に興味を他に向けると案外ケロリとこだわっていたものから離れ
るものです。

5

生活のリズムが心身の健康に結び付く

生活にけじめをつける

生活のリズムはスケジュール作りから

　子どもには1日のスケジュールが必要です。次何をしたらよいかの**ルーティンがあれば子どもは安心します。**体には体内時計があるので、空腹、排便、睡眠、回復など生活のリズムが保たれていることによって健康が維持されます。そのためにもできる限り崩さないようにしましょう。

　子どもたちの毎日は子どもたちのものでもあります。そのため、ぜひ、子どもが「自分も加わって作った」と誇れるスケジュールを作ってみてください。子どもに参加させることによって、やろうという意欲と責任が生まれます。何をしてもよい自由時間も組み込みましょう。その時間は自分でしたいことを探したり、想像力を養う時間です。夕食の時間は極力家族揃って食べましょう。1日の出来事を話す中で子どもたちの様子が手に取るように分かり、問題が大きくなる前にキャッチできるでしょう。

　スケジュールは子どもの目につく高さに貼ってください。親の役割は子どもが自分から進んでそのスケジュールに沿った生活を送られるように励ますことです。そしてそれに沿うことができないようであったら、スケジュールに無理がないか見直しましょう。

余裕あるスケジュールを立てる

　子どもの多くは詰め込み過ぎのスケジュールをストレスと感じています。親に聞けば、「子どもたちを忙しくさせておきたい」、「何もしなければゲームばかり」、「体力を消耗してほしい」と言います。

また、「週に一つの習い事では自分の子どもだけ機会を逃しているような罪悪感を感じる」と言います。結局、何かしら予定が埋まっていないと落ち着かない、学校から帰ってきて寝るまでの子どもとの時間が長くて疲れるとは親の都合ではないでしょうか。

　しかし、このようなハードなスケジュールは大人がこなすレベルのものであって、子どもは対応できません。子どもにとっての充実は必ずしも大人のそれとは違います。子どもは友達と気ままに過ごした日、ボーッと夢を描いたり、何か好きなことに没頭できた日こそ充実しているのではないでしょうか。子どもが夢中になれることはビジネスにならないでしょう。また大人から見たら無駄な時間に映るかもしれません。しかし、子どもはそこで考え、学び、子ども本来の才能が発揮されます。それならば子どもたちが自分で充実した日を送れることを信じてみてはいかがでしょう？　高学年の子どもであればロボットを組み立てたり、環境改善の研究に取り組んだり、それは自由時間がもたらす賜物です。ノーベル賞に輝いた人たちの中には子ども時代のあり余った自由時間が成功の基盤にあると語ります。

　与えられたスケジュールだけをこなすことに慣れた子どもは大人になっても何か予定が入っていないと退屈だといいます。そのためには自分から興味をそそるものを探せる子どもに育ててください。**何も予定が入っていない日こそ自由で最高の日という経験をさせてあげてください。**

わが家のルールを作る

　生活を共有する場では必ず決まり事/約束事（ルール）が生じます。ルールを決める前にどのような場でルールが必要か、ルールがなかったらどうなるか、などルールの大切さについて話し合

いましょう。未就学児であれば、まずは人を叩かない、家具に上らない、8時に寝るなどの道徳、安全、健康にまつわる最低限のルールから始めます。そして、靴を揃える、食事中はスマホを見ない、出したら片づける、などは家族が快適に過ごすためのマナーですので、それをルールとするかは各家庭で決めるとよいでしょう。

　次のことを念頭に決まりを作ってみてください。

- 年齢に応じて決まりは変わりますので、上の子は9時就寝でも、下の子は7時であってかまいません。
- ルールができたら一貫性を通します。ルールをしょっちゅう変えると子どもは「あれ？　昨日はよかったのに、どうして今日はだめなの？」と困惑し、親に挑戦します。
- 状況によってはルールを変えなくてはいけないこともあります。その場合は子どもが納得のいく説明を添えましょう。
- 状況が変わることもありますし、試したものの続けられそうにないこともあるので、お試し期間を設けたり、定期的に見直します。
- 家族全員で決めるようにします。みんなで決めたルールであればみんなと一緒に守ろうとするからです。
- 最低限にし、窮屈にしないようにします。そのほうが親はモニターしやすく、フォローしやすくなります。
- 表現においては、ダメばかりでなく、こうしように置き換えたり、説明を加えたりします。
- ルールを守らなかった場合、結果についても決めておきます。
- 年齢が上がるにつれ、決まりをゆるめ、自由と責任を増やすようにします。

ルールも家庭の数だけありますので、他の家庭と比較せず、あくまでも**わが家のルール**に焦点を当てることが大切です。

家族という意識を育てる家事への参加

　子どもは早ければ1歳からお手伝いができます。例えば、「おむつ持ってきて」と頼めば持ってくるでしょう。お手伝いをさせる大切さは家事に参加することで家族の一員であることを認識できることです。家庭はみんなの協力のもとで営まれていることを学べることです。また自分の役割があることはそれを果たす責任にもつながります。そして子育ての目標は自立ですから、お手伝いは一人で自立して生きていくための基礎を築いてくれます。一人暮らしを始めても食事も作れない、部屋も片づけられないのでは困ります。これらのトレーニングを子どもたちが家にいる間に身につけさせなくてはなりません。生きるための勉強は学校の勉強よりも大切だと思います。

- まずはハンバーグのコネコネ、水じゃばじゃばのお米研ぎのように、お手伝いは楽しいということから導入します。
- やがて大きくなったらトイレ掃除のように、お手伝いの中にはやりたくなくてもやらなくてはならないものも含まれてくることを学ばせます。楽しいお手伝いとやらなくてはならないお手伝いのバランスを考えて参加させます。
- 年齢相応のお手伝いをさせることを意識します。きょうだいが多ければ、上の子は自ずと下の子を見ることが増えたり、自分のことは努めて一人でしないとならなくなります。しかし、上の子だからとあまりにも負担になるほどの責任は与えないようにすることが大切です。

- 年齢が上がるにつれ、できることも責任も増やしていきます。巣立つまでに生きるにあたり必要最低限の家事能力がついていることを目標にします。
- 手伝わなかったら寝かせなかったり、宿題する時間もないほどの量を与えては罰に変わります。できない場合が多い、失敗が多い、忘れてしまう、ということは何か無理というサインです。
- 本人がやりたいと意欲を示したお手伝いは長続きします。また「これはXXちゃんの仕事」というように責任につながります。
- 子どもの仕事を親の都合で親が代わりにやらないようにします。子どもは「なんだ、自分じゃだめなんだ」「どうせママがやってくれるんだ」とやる気をなくします。自分一人でできる自信をつけさせることが大切です。
- お手伝いを怠った場合、罰ではなく、その結果から学ばせます。例えば、犬の散歩を怠ったため家でそそうをした結果、その始末をしなくてはならなかった場合のように。

次に親は以下のような姿勢があるとよいでしょう。

- パーフェクトにできなくても、責任を果たしたということだけでも評価してあげます。
- **失敗をしても、怒らないこと**：失敗を通してどうしたらうまくできるかを学んでいます。
- **早くを望まないこと**：子どもはまだ訓練中なので時間がかかって当然です。
- **時には忘れることもある**：「あら、（ペットの名前）おなかすいているみたいよ」というように繰り返し思い出させること

が必要なこともあります。

- **ほめる**：「わあ、台所きれい！」「洗濯物入れてくれてありがとう」というように達成できたことをことばに出してほめ、感謝します。親が喜べばもっと手伝って喜んでもらいたいという意欲が湧きます。

　時には親も一緒にその手伝いに参加し、見本を示すようにします。そのような機会を通して次はどのような手伝いができるかの目安がつけやすくなります。

お小遣いはどのように与えるか

　必要なものは親、欲しい物は自分のお小遣い、あるいは貯金でという家庭が一般的なようですが、いずれにしろ必要なものと欲しいものの区別はする必要があります。

　どのように与えるか、いくら与えるかはさまざまな意見があり、そこには正解はありません。それぞれの家庭で方針を決めます。ある家庭では1週間あるいは1カ月に一度決まった額を与えていたり、ある家庭では報酬として、労働に対してお小遣いを与えていたりします。家の仕事はみんなで協力するのが当たり前だからお小遣いはないと考える家庭もあれば、社会は労働に対して賃金が払われるのだから、その仕組みに基づくべきと考える家庭もあります。また、お小遣いをまったく与えず、欲しがるものを親が買うという家庭もあります。中にはお小遣いはいらないという子どももいます。金額にしても、年齢によっても、そのお小遣いで何を買うかによってもさまざまです。寄付や活動資金のためとなると親がある程度協力する家庭もあります。なんのためにお金が必要なのかも子どもと話し合うようにすればなおいいですね。

お小遣いはアメリカでは１週間に一度が定番のようです。これも消費大国アメリカの特徴で、あればすぐ使う傾向があるからでしょう。その証拠に日本ではお給料は１カ月に一度に対して、アメリカでは２週間に１度です。また、日本では子どもがお金を稼ぐことをあまりよく受け止めませんが、資本主義のアメリカでは小さいうちから稼ぐことを奨励します。そのため子どもたちは率先してベビーシッター、芝刈り、雪かき、洗車、道端でレモネードを売る、自分のおもちゃを売るなどします。そのような機会を通じて子どもは知恵と工夫と努力次第でいくらでも稼げることを学べるからです。

ネット社会に生きる子どもを守るには

インターネットは欠かせませんが、一歩間違えれば誘拐、レイプなどの被害に遭うかもしれません。親はこれらの危険から子どもを守る義務があり、子どもにどのように自分を危険から守るかを教えなくてはなりません。そのためにも子どもにはインターネット上のルールを決めます。

- 個人情報とはどういうことかを教える
- 個人情報やパスワードを人に知らせない
- サイトへの登録は親と一緒に行う
- 知らない人から送られてきたものには応えない
- 勝手にリンクをクリックしない、添付ファイルを開けない
- ネットで知りあっても知らない人とは会わない
- 知らない人であれば、年齢、性別、などを疑う
- 人を傷つけるようなことは書かない
- 本人および家族の写真を親の許可なく載せない

ゲームやスマホに振り回されないために

　スマホにおいては、いつ与えるか、どういう条件で与えるか、はさまざまな意見があります。しかし、これらの機器を与えるのであれば、ある程度親が規制する必要があります。子どもは自分で利用代金を払うと主張するかもしれませんが、まだまだ誘惑には勝てない年齢です。そのため、親が全額払うか、あるいは子どもは何割負担と決める必要があります。それは所有権を親にし、親が最終決定権を持つためです。また、決まりを守らなかったら、使えなくなる、使用時間が短縮される、あるいは使用を先送りするなど、それなりの対応をすることをはっきり伝えます。これも子どもを危険から守るためです。

　それではどのようなルールが考えられるでしょう。

- 使う目的、使用時間、使用場所を決める
- 食事中、来客中は使用禁止
- 夜は時間になったら自動的に切れるように設定
- 使用を終えたら親に預ける、あるいは自分の部屋には持ち込まない
- フィルタリング機能、GPS 機能を設置
- アプリケーションのダウンロードは親の許可なしにはできないように設定

　子どもは精神的にも肉体的にも発達途上です。これらの**機器に生活をコントロールされないように**するのが大切です。そのため、外で体を動かす時間、人と交わる時間もしっかり確保させます。特に小さな画面の砂粒のような文字、スピード、人工的な光は目

にも脳にも決してよくありません。小学生で、もうすでにメガネをかけ始めている子どもの多いことも気になります。適度に外に出し、思いっきり遠くを見させるように心がけてください。

生活のリズムが心身の健康に結び付く

コラム column

ゲームは条件のもとで楽しむ

　ゲームは楽しいものです。真っ向から否定はしません。ただし、依存性もあり、まだ自分の時間をうまく調整できない子どもには時間制限が必要です。大人ですら仕事から帰ってきてすぐゲーム、食事も惜しんで、寝る時間まで削ってゲームというような家庭は崩壊してしまいます。また暴力的なものは避けます。子どもは架空の世界と現実の境が分からず、攻撃的になりかねないからです。ゲーム時間の制限は子どもへの罰ではなく、健康的な正しい使い方を教えるのが目的です。そのことを子どもにもしっかり伝えるようにします。

体の基礎作りは子ども時代に培われる

健康管理は親の責任

　健康診断は年に一度です。学校任せにせず、症状が出る前に見てもらいましょう。肥満にしても、虫歯にしても予防が可能です。健康チェックは体重、身長に限らず、目や耳、ことばの発達、歯などに至り、さらに精神面でのチェックもします。病気や障がいなど問題があった場合の早期発見につながります。不安を抱えて育てるよりよいでしょう。

　欧米では健診のほとんどは小児科医のオフィスで個別で行われます。アメリカで健診を勧めるのは予防接種を徹底させたいという目的です。１歳半になるまでにほぼ14種類におよぶ予防接種を終了させます。また親の健康状態を心身ともに念入りに聞かれます。それはケアする側が心身共に健康でなければ、子どもの健康は任せられないという考えからです。アルコールの摂取量、麻薬などはしてないか、夫婦の関係、仕事のストレス、周りのサポートに至るまで聞いてきます。

十分な睡眠が不可欠な理由

　夜遅いと、朝起きられません。朝起きられないと朝食を食べる時間がありません。学校に着いても授業に集中できません。成績が落ちると自信をなくします。寝不足の影響で攻撃的になり、切れやすくもなり、友達との関係にも影響を及ぼします。子どもにとって睡眠は成長に不可欠です。

　「寝る子は育つ」ということわざがあるように子どもは寝てい

る間に成長ホルモンが活躍します。子どもにとって**睡眠は成長する**ため、体の修復、エネルギー回復のためにも大切です。また「早寝早起き」といいますが、イギリス、フランス、ドイツの小学生は7時ごろに床に付き、少なくとも8時までには寝ていました。日本の子どもは塾通いや父親の遅い帰りから就寝が遅いのが気になります。子どもは大人以上に睡眠を必要とします。また、スクリーンの光は「昼間だよ！」と脳を活性化しますので、せめて眠る1時間前までにはすべての電子機器の電源を切るようにします。そして、寝る前は本を読んだり、1日のできごとを振り返るなど穏やかに入眠できるように配慮しましょう。

寝ない子にイライラしたら

　子どもがいつまでも起きていると親はイライラしてきます。「やっと自分の時間ができるのに」「あの動画を見たい」「ラインの返事をしたい」とイライラが怒りに変わることもあるでしょう。そして、やっと寝たかと思うと、「お水ほしい」「おしっこ」「怖い〜」と子どももいろいろな理由を考えます。夜中に起きて、その後眠らなくなることもあるでしょう。

　子どもが寝ない理由はさまざまです。まず肉体面から見てみましょう。カフェインなどは与えてないか？　痒かったり、痛かったり、暑い、寒いはどうか？　遅かった昼寝が影響していないか？まだエネルギーが余っているか？　次に環境はどうでしょう。部屋の温度は？　暗くしているか？　静かか？　最後に精神面ではどうでしょう？　何か衝撃的なことで興奮しているのか？　心配事はないか？　親のイライラが伝わっていないか？　理由が分からないこともあるでしょう。

　私たち大人でもなかなか寝付けないことはあります。毎日続く

のでなければ、子どもにもそのような寝付けない日もあると受け止めましょう。

寝かしつけの方法 ― 日米の違い

　寝かしつけにおいても日米の違いが見られます。日本では添い寝が多くの家庭で見られます。これも日本では布団を敷いて寝る習慣があるので、可能なのでしょう。さらに、家族全員で同じ部屋に寝ることもあるので、子どもは親がそばにいる安心感から眠れるのでしょう。

　それに対して、アメリカの子どもたちのほとんどは個室で、それぞれのベッドで寝ます。親は、本読みを終えるとおやすみと言い、子どもにキスをして、ドアをほんの少し開けて部屋を出ます。あら、簡単と思われますが、その習慣に行き着くまでには葛藤があります。子どもは何度も部屋から出てきます。それでも親は子どもを繰り返し部屋に戻します。子どもが眠れない理由を挙げても答えません。そして何週間もかけて寝る時間になったら、ベッドに入って寝るという習慣をつけさせます。行き着くところ、何事も忍耐強く、繰り返し、習慣づけることのようです。

健康な体は食育から

何をどのように食べさせたらよいか

　子どもの体づくりに大切なのは栄養のバランスが取れた食事です。たんぱく質・野菜・果物・脂質・炭水化物、どれが偏っても、欠けてもだめです。たんぱく質は体を作る、野菜や果物は体の調子を整え、脂質や炭水化物は体を動かすと覚えてください。

　以下のことを心得ていると、さらにいいですね。

- 自然なものを自然な形で与える（自然の味を教える）
- 野菜はなるべくそのまま（せいぜいさっと茹でる程度）
- 無添加、無農薬、有機野菜を選ぶ
- 砂糖が多く入ったものは避ける（果物で補う）
- 加工食品を避ける（ほとんど栄養がない）
- 脂っこいものは避ける（揚げ物など）

　それでは具体的にはどのような献立が立てられるのでしょうか。自然食を考慮した保育園や学校の栄養士によって立てられた献立表が参考になります。量は子どもの年齢に合わせてください。

朝：ゆで卵、納豆、ご飯、バナナ

　おやつ：りんご、じゃこ入りおにぎり

昼：ほうれん草、豚肉と豆腐のそうめん炒め

　おやつ：サツマイモにバターと塩、ナッツ

夜：焼き魚、ご飯、サラダ、かぼちゃの煮物

　このようにおやつは小さめの主食と考えればよいでしょう。子

生活のリズムが心身の健康に結び付く

どもが喜ぶからといってカロリーや糖分の高い、歯に明らかに悪いものは極力与えないようにしましょう。例えば葉野菜にバナナを加えたスムージー、ドライフルーツ、かぼちゃ、サツマイモ、にんじんでも甘みを満たしてくれます。子どもは本来、元気いっぱいのはずです。食べていても元気がなく、ダラダラしているのは栄養が足りていないサインかもしれません。まずは食生活から見直してみてください。

栄養のある自然なものを自然な形で

　切れやすい子、落ち着きのない子、いつも疲れている子、朝起きられない子、イライラしている子、勉強に集中できない子、病気がちな子、肥満な子、これらの子どもたちに出会うと、いったい何を食べているのかがまず気にかかります。建物にしても、体にしても、基礎が大切です。子ども時代に健康で丈夫な体がつくられていれば、大人になってからも健康を維持しやすくなります。その役割を担うのが親です。子どもは与えられたものは何でも食べてしまいます。それだけに子どもの口に入るすべてのものを親が責任を持って与えられるようにしたいですね。

　そのためまず、食品を選ぶ時に原材料に目を止めましょう。読めなかったり、分からないものが入っていたら避けます。日本で許可されている食品添加物は1500種類で、世界一です。アメリカの７倍です。(参考文献：https://www.rare-chronicle.com/)「食べても安全な添加物もある」とはいえ、しょせん添加物は添加物です。子どもにとっては毒です。小さな、未熟な体はこのような毒をうまく分解、消化、解毒することができないので、吸収されても、毒として蓄積されたり、アレルギーとして体に影響を与えたりします。EU（欧州連合）諸国では子どもに害となる添加物

が入っている加工食品には**「子どもには与えないでください」**と表示しているほどです。「お酒やたばこは20歳から」と同じような忠告です。

　添加物とは、防腐剤・防カビ剤・着色料・漂白剤・増粘剤・安定剤・乳化剤・保存料・酸化防止剤・防カビ剤・結着剤・乳化剤・日持ち向上剤・食感向上剤・膨張剤などです。(参考文献：「要注意食品添加物リスト 12」生活クラブ) これらの白い粉末、おびただしい色の液体、毒、発がん性が疑われる化学物質をあえて健康に生まれてきたわが子の体に入れたいか、いま一度考えてみてください。多少値段が高くても、体づくりのこの時期に無添加のもの、オーガニックを選ぶことは健康な体への投資と考えてみてはいかがでしょう。

健康な和食を誇りに

　和食は野菜が中心で、脂肪も少なく、健康的で太りにくいのが特徴です。皆さんは、実に恵まれた食生活をすでに身に付けています。また、日本の給食では栄養士による栄養のバランスが取れた食事を毎日見て、食べて、学びます。家庭科の授業でも食育がなされます。このように日本で教育を受けた親は栄養に関する知識は他の国の親と比べて豊富だといえます。アメリカの学校ではランチをお金で買い、メニューの中から好きなものを選びます。そのため、栄養の偏りはビタミン剤で補っています。また、家庭科も体育も削られていっているため、食育の授業に欠けています。

　子どもたちはいずれ親の目を離れ、自分で体によい、悪いを判断しなくてはなりません。食べることは一生です。そのためにもヘルシーな和食を世界に広めてほしいと思います。

三食の中でも一番大切な朝食

　学校の先生は朝食を食べてこない子どもはクラスで集中できないので、すぐ分かるというほど朝食の大切さを強調しています。それは脳を活性化するエネルギーが供給されていないからです。おなかが空いていればイライラして友達関係にも影響を及ぼします。そのため、アメリカでは貧しくて朝食を食べてこない子どもたちのために学校で朝食を出している所もあります。フィンランドの保育園も親の就労時間が早い子どもには朝食を出していました。

　甘い菓子パンだけでは血糖値を急激に上げるだけですので、ゆで卵、おにぎり、みかん、できたらトマト、ブロッコリーなどを添えた朝食はいかがでしょう？　前もって準備をしておいて冷蔵庫から出すだけであれば子どもでもできるはずです。親もコーヒーとトーストだけでなく、健康によい朝食の見本を示しながら、一日のスタートを切りましょう。

親は子どもの胃までコントロールはできない

　子どもが食べなくて困ると言いますが、子どもは常に動いていますので、おなかが空くはずです。おなかが空いていたら、何でもおいしいはずです。まず1日3食おやつ2回と決めたらそのリズムを崩さないようにしましょう。そしておなかが空いたら食べるという感覚を覚えさせましょう。おなかが空いていないのに、静かにさせるため、かまっていられないから、と親の都合でダラダラと与えることがあるかもしれません。しかし、それは歯によくありませんし、胃が休む暇もありませんし、なによりもジャンクフードを与えがちになります。また、子どもは退屈、甘えたい、

悲しい、失敗して怒られた、と精神的な欲求からも「おなかが空いた」という表現を使うことがありますので覚えておきましょう。

　親の役割は栄養のバランスが取れた食事を出すことです。子どもは**何を食べたいか、どれだけ食べたいか、どのように食べたいか、どのくらいの時間をかけて食べたいかは自分で決めます。**親は「お野菜おいしいよ！」と子どもを励ますことはできても、食べろと強制することはできません。食べる食べないは子どもの責任です。少なくとも30分は食べる時間を設け、時間が来たら、「もうごちそうさまね？」と確かめ、さっさと片付けましょう。食べないのであれば、おそらくおなかが満たされているのでしょう。

　そして、あとでおなかが空いても、本人がもういらないと言ったのですから、我慢させましょう。ちょっとおなかを空かせたくらいで子どもは死にません。むしろ子どもの要求のまま与えれば、子どもは食べたい時にいつでも食べられると思い込みます。そういう時に限ってジャンクフードを与えてしまいます。それは決して子どものためにはなりません。

好き嫌いが生じるのはバラエティーに富んだ国ゆえに

　好き嫌いがあるのはいけないというのは日本の学校の「なんでも食べるように」「出されたものは全部食べるように」といった教育の影響もあるのではないでしょうか？　好き嫌いもその子の個性だと思います。大人でも好き嫌いがあります。また、子どもの頃は嫌いでも、大人になってから好きになることもあります。さらに、家では食べなくても、外では雰囲気が変わるので食べられるということもあります。

　また、その願いが強いのは日本が食のバラエティーに富む国だからだと思います。世界を見てもこれほど食材の種類の豊富な国

生活のリズムが心身の健康に結び付く

はありません。海外に目を向ければ、ほぼ毎日同じものを繰り返し食べている国はたくさんあります。フィリピンのEさんは野菜は２種類。たんぱく質は卵か魚。炭水化物は３食とも米。ヒマラヤの奥地では冬は野菜も果物もない環境ですが、それでも健康は維持されています。

　それでも食のバラエティーを楽しませたいのであれば、子どもが１回食べなかったからと諦めず、機会を見て、調理法を変えて出してみてはいかがでしょう？　そしてミニカップに入れた試食サイズで出すのもいいですね。ある日、突然食べるかもしれません。それでも食べないのであれば、それに代わるものはいくらでもあるのですから「食べなくても死ぬわけではない」と諦めましょう。

ネガティブな感情で食べない

　子どもには退屈、寂しい、悲しい、イライラする、不満というように満たされない感情を食べることで埋めるような食べ方はさせないように気をつけます。その弊害は将来の摂食障害や肥満として現れます。「むしゃくしゃするからやけ食い」というような行為を親自身がしていないか注意してください。

　ネガティブな感情を満たすために食べないように、食事を作る楽しさ、みんなと食べる楽しさを伝えたいものです。そのためにも子どもには日頃から食事の一連の流れに参加させるようにします。食べ物に触れる前になぜ手を洗うの？　このサーモンはどこから来たの？　このインゲンマメはどのように調理するの？　このトウモロコシは北海道からどのように沖縄まで運ばれたの？というように、キッチンは学びの場となります。後片付けは食器を洗いながら、１日のできごとを話す絶好のチャンスです。そして、家族や友達と食卓を囲むことが楽しめるようになれば、その

経験は子どもが自分の家庭を持ったときに生かされきっと引き継いでくれるはずです。

コラム column

将来が危ぶまれるアメリカの子どもたち

アメリカでは最近子どもたちの肥満が大きな問題となっています。特に低所得層の子どもたちに肥満傾向が見られます。子どもたちは将来、糖尿病・心臓疾患・高血圧・運動機能障害・自尊心の低下・いじめ・うつにさらされる心配があります。これも栄養のない、カロリーの高いものばかりを与えられた結果です。食べているものの彼らは栄養失調と診断されています。そのため、政府は子どもたちにもっとも欠けている野菜と果物の摂取と運動を奨励していますが、現実には安くて、すぐ食べれるものが優先されてしまっています。

食事は「栄養補給」より「楽しい」をめざして
― フランス編 ―

フランスのある子育て専門家は食べない子どもに対して、親は「お願い食べて」と頼んだり、「えらかったわね」と食べたことをほめないようにと忠告しています。さらに動き回る子どもの後を追って食べさせるようなこともしないようにと言います。つまり、「食べる」にフォーカスするのでなく、食べることを通して人と交わる楽しさを強調しています。そのような環境にあってこそ、食べ物がおいしく感じられ、食べることへの興味を誘い、マナーも守るという解釈のようです。

子どもを危険から守るのは親の大事な務め

予防とは絶対に起きないところまで徹底する

　親として最も重要な役割は子どもを危険から守ることです。保護者という名はそこからきているのでしょう。まずは事故を想定しての予防がスタートです。危ないことは繰り返し言い聞かせる必要があります。しかし、子どもは遊びに夢中になっていたりすると忘れてしまいます。「言い聞かせた」は予防ではありません。**事故が絶対に起きないくらいの対策が予防**です。子どもの命を落としてからでは遅いからです。

　次に事態が起きた場合の対処の仕方です。子どもが意識を失った、出血が止まらない、溺れた、呼吸が止まったなど、何が起こるか分かりません。日本ではすぐ救急車が来るから大丈夫と考えがちですが、救急車を呼んでも1時間も来ないというような国もあります。そしてほとんどの国で救急車は有料です。海外での旅行先で事故に遭わないという保障はありません。そのため、応急処置はもちろんのこと、すべての親にCPR（心肺蘇生）のトレーニングを受けることをお勧めします。

アメリカから学ぶ安全への取り組み

　事故はちょっと目を離した隙に起こります。私の勤めていた家族支援センターでは、そのような事件を多く扱いました。不慮の事故であっても、子どもが話せない年齢だと、親の中には事実を伏せる人もいました。それでも、親は一生自分を責め、忘れることはないでしょう。また、アメリカ人の子どもを守る姿勢も日本

とは違うため、子どもが危険にさらされていると察知すると誰でもすぐ警察に通報します。以下はアメリカで指導している安全対策です。

- お酒を飲んだら車の運転はしない。ましてや子どもは絶対に乗せない
- ベランダには勝手に出られないようにドアにロックをかける、窓には格子をつける
- 誤飲を防ぐため、子どもでは開けられない蓋の容器を買う
- 銃は鍵をかけた所にしまう
- 小さな子どもを一人で車の中に置き去りにしない
- 小さな子どもの独り歩きはさせない
- 本物と区別がつきにくい銃やナイフのおもちゃは与えない
- 子どもの所持品には外から分かる個人情報は明記しない（名前を呼びかけられる）
- 学校から子どもを引き取れる人は登録しておく（元旦那が連れ去ることもある）

そして、子どもにもどうしたら自分を守れるかを教えます。

- 親の留守中に電話がかかってきても親がいないことは伝えない
- 知らない動物なら、なでてもよいか飼い主に許可を求める
- 見知らぬ人について行かない
- 連れ去られそうになったら「助けて〜！」と大声を出して抵抗する
- 知らない人との会話は２メートル以上離れる

- 知らない人に個人情報は話さない
- 親との連絡を目的にした携帯電話を持たせる（GPS機能をインストール）
- 知らない人とエレベーターに乗らない
- 車から声をかけられたら車が向かってきた逆方向へ逃げる（追ってこないように）

　子どもに人間不信には陥ってほしくはありませんが、信頼できそうな人、できそうにない人の判断は大人ですら難しいのです。そのため、親の保護は必要です。普段の子どもとの会話の中で、何かおかしいと感じたら、「どうしたの？」と詳しく説明してもらいましょう。

　日本はアメリカと比べたら、まだまだ安全な国です。それでも子どもには防犯ベルを首から吊らせたり、携帯電話は手放せなくなりました。また、日本は地震国でもあるので、自然災害が起きた際はどうすべきかなどの話し合いも必要ですね。

安全への配慮を怠ったとみなす置き去り

　ちょっとの間だからと子どもを家や車に置きざりにすることがあると思います。いざとなったら、「携帯に連絡してね」と言い残して出かけることもあるかもしれません。子どもが車の中で寝ていれば、「ちょっとお金を下ろすだけ」と置いていくかもしれません。しかし、ちょっとが長くなり、車の中の温度が上昇し、熱中症で亡くなったケースもありました。また、親のいない間にガスを勝手につけた、ハサミで手を切った、といった事故は起きています。見知らぬ人にドアを開けてしまったケースもありました。たとえ無事であっても、子どもが受けた精神的負担は拭えま

せん。守ってくれる親がいなくなることは子どもにとっては、こ
れらの事故が起きうる不安にさらされることです。

　児童虐待防止法での「ネグレクト」の定義は、「親が子どもの
安全への配慮を怠った場合」と記されています。それでもそのよ
うなリスクを取らざるを得ない社会にも問題があるのかもしれま
せん。なぜ小さな子どもがいる親が残業を強いられるのか？　な
ぜ子どもを見る大人の目が近所にないのか？　親ばかりを責める
ことはできないのかもしれません。

リスクの判断を迫られる子どもの一人歩き

　外は多くの危険が潜んでいます。にも関わらず、日本ではかな
り小さい頃から子どもが一人で歩いているのには驚きます。

■**一人歩き**：５歳ぐらいの子どもを一人で買い物に出し、それを
　カメラが追い、子どもの行動を大人が観察する番組がありまし
　た。一人で主要道路を渡れるか？　支払いはできるか？　迷子
　になったら？　品物がなかったら？と親の心配は尽きません。
　この番組が幼児の一人外出は危険という警告であれば理解でき
　ます。しかし、逆に５歳でももう一人で買い物ができるという
　ような印象を与えかねません。アメリカでは制作した会社は子
　どもを危険にさらしているという名目で訴えられるでしょう。

■**公共交通機関の利用**：日本では小学生に上がったばかりの子ど
　もが一人で電車で通学しています。それでも降りる駅を寝過ご
　した、間違った電車に乗った、地震や人身事故で電車がストッ
　プした、急にトイレに行きたくなった、お姉ちゃんと一緒だっ
　たのにはぐれてしまった、などの事件は起きています。それで

も駅職員が保護してくれたり、周りの人が泣いている子どもを助けたりと、なんとか無事でも、トラウマとして残ったりしないだろうかと心配になります。

■**夜間**：小学生の子どもが夜の10時ごろ、塾の帰り、繁華街を通って自宅に向かって一人で歩いている光景を見ます。コンビニの前で菓子パンを食べながら友達とゲームをしている光景も見かけます。なぜ家に帰らないのか？　親は心配ではないだろうか？　夜道は怖くないのだろうか？　襲われたり、誘拐されたら？　といろいろな危険が頭をよぎります。

　アメリカでしたら、ただちに誰かが通報し、警察によって子どもは保護されるでしょう。しかし、子どもがこれほどまでの危険にさらされながらも一人歩きがされているのは日本が安全だからでしょう。そのため、「日本は安全だからできるんだ。何が悪い？」と責められるかもしれません。「アメリカの子どもは守られすぎている」「日本の子どもは自分で自分を守ることを学んでいる」という意見もあるかもしれません。

　それでも、子どもの立場に立ったとき、やはりそれは負担だと思います。子どもはいざとなったら恐怖が先立って自分を守れません。ですから大人が守ってあげる必要があると思います。そのため、親自身が「ちょっと心配」「もし何かあったら大丈夫かしら？」という思いがあれば、迷わず子どもが一人で出かけられる自信がつく年齢まで待ってほしいと思います。万が一は起こりうるのです。子どもが事故にあって帰らぬ人となってしまったら、親は自分の判断を一生後悔します。子どもから目を離すということは、一気にその万が一のリスクが高まることです。リスクを取

ることで得られることとリスクを取ったことで後悔するかもしれないことを天秤にかけて決めてください。つまりそのリスクを取るに値するかどうかの判断をしてください。

コラム column

性的嫌がらせから子どもを守る

アメリカでは性的嫌がらせには特に神経質になっています。大人から子どもばかりでなく、子ども同士（17歳の兄と4歳の妹）でも起こっています。特にレイプは子どもの人生を踏みつぶすほどです。そのため、まず小さいうちからプライベートゾーンを教え、正式な体の部分名を教えます。次に触られたくない、やりたくない、見たくないことには「嫌だ」と抵抗するように教えます。

守ってくれる存在がいることの安心

4歳のRちゃんに「火事にならないためにはどうしたらいい？」と質問をしました。彼女は「消防車といつもいっしょにいる」と答えました。つまり、消防士のように火事に関する専門知識があり、火を消す技術がある存在があれば安心、火事にはならないということを彼女は伝えたかったのでしょう。子どもにとって親は弱い自分を確実に守ってくれている存在です。親がついているから事件は起きないと安心しています。しかし、いつも親がついているとは限りません。もし子どもを1人で留守番をさせたり、外出させるようなリスクを取るときは、万が一は起こりうることを考慮して行動に移してください。

6

大人になっていく子どもたちとの暮らし

子育ての後半戦を乗り切る

自分探しの過程を見守る

　子どもは思春期を迎えると、自分探しを始めます。それは髪の毛を染めてみたり、奇抜な格好をしてみたり、タトゥー、ピアスなどを試したりする様子からも伺われます。また自分を証明するために命取りともなるような行動をとるかもしれません。

　親としては、小学校の頃はあんなに素直だったのにどうしたのだろう、とその急変におどおどするかもしれません。また、親としての責任を感じ、先生に呼ばれたらどうしようとか、周りの目を気にしてなんとか更生させようとするでしょう。しかし、頭ごなしに「やめなさい」と抑えようとすればするほど、子どもは反発し、その状況はエスカレートします。

　このような時期も一時期のことです。この**自分探しの時期は誰もが一度は通らなくてはならない成長過程の一部で自然です**。社会のルールに反したり、他人や自分を傷つけない限り、子どもは自分を試しているのだと受け止めましょう。小言や説教は控え、その代わりに「（短いスカートを見て）階段上がるときはどうするの？」「（舌に穴を自分で開けて）感染症とかは大丈夫？」というように、本人が気づいていないことは聞くようにします。それでもそれが一生を台無しにするようなダメなことだと判断したら、なぜダメかをはっきり伝えます。それでもなおかつ実行するのであれば、親はダメと言っても、子どもを阻止することはできません。親が反対することほど親の見てないところで実行します。そのような場合は、その結果に対して責任を取らせることを伝え、

見守るしかありません。相談してくるということはまだ自分に迷いがあるときです。正しい選択ができるように導いてあげてください。

思春期に入ったら見守る側に

思春期の子どもは「小さな大人」ではなく、「大きな子ども」です。まだまだ親の指導が必要な年齢です。人生にかかってくるさまざまな問題をまずは自分の力で答えを出してみるという訓練が必要です。それでは、子どもが答えを見いだす過程での親の役割は何でしょう？

まず、本人がどうしたいかを考えさせるためにも、親は黙って見守ることです。「親」という字からして分かるように、木の上に立って見守ることです。子ども自身で答えが出せるだろうとまず信じてみます。そして子どもに「父さん / 母さんだったら、どうする？」と聞かれたら、自分の場合はどうするか答えても、それはあくまでも親個人の意見であり、子どもは子ども自身の考えや意見があってよいと伝えます。次に本人が決断し、行動に移したら、親はサポートをする側に回ります。サポートとは、「大丈夫、○○ならできる！」「ほら、もうちょっとよ」というように、くじけそうになったり、自信をなくしたり、不安になったら、励ますことです。

また子どもを信じるということは麻薬など子どもが誘惑にかられたときに「あなたは賢いのだから、正しい判断をすることを信じているわ」と繰り返し言ってきたことが実を結ぶときです。そして、親子の関係が良好であれば、子どもは親を悲しませるような行動を選ばないでしょう。きっと考え直すはずです。

子どもが話さなくなるのにはわけがある

「中学生になったら、急に話さなくなったわ」「もう何を考えているのか、まったく分からない」「とにかく貝のごとく、最低限のことしか話さない」と親は子どもが話さなくなったことを嘆きます。おしゃべりだった子どもも中学に入って急に「別に」「分からない」くらいの返事しかしなくなるかもしれません。さて、子どもたちはなぜこの時期、急に親とのコミュニケーションを避けるようになるのでしょう？　どこまでが安心でどこからが心配すべきなのでしょうか？

この時期、子どもは自分の意見や考えというものがはっきりしてきます。今までは親が絶対だと信じていても、自分は親とは違う意見を持っていることに気づきます。また、親よりは友達と話したいと望むのもこの時期です。さらに反抗期が表れる子どももいます。特に今までは素直に親の言われるままに過ごしてきた子どもが、「もうこれからは自分の考えで決めていく」と目覚めたのかもしれません。これも自立への大切な一歩だと受け止めましょう。

また、親には話せないことも出てきます。好きな子ができた、ホルモンの影響からくる体の変化、恥ずかしくて話せない失敗、誰かから怒られたことなど、多くはプライドから言えないのでしょう。親に話せないということは親子の間に健康な関係が存在している証拠ですので心配はないでしょう。むしろ言えない気持ちを尊重してあげましょう。そして、子どもが友達、部活の先生、先輩、親戚、きょうだいでも**他に話せる誰かがいれば安心**です。

それでもあいさつをする、１日のことを話す、家族と日常会話をすることは共同生活を営む者同士の礼儀です。この最低限の会

大人になっていく子どもたちとの暮らし

話が保たれていれば、気分のいいときはもっと話すかもしれません。また、進路のことなど親とどうしても相談しなくてはならないことも出てきます。そのような場面できちんと話ができていれば大丈夫です。親としては助言をしたい、なんでも相談を持ちかけてほしいと願うでしょうが、もうそろそろ大人に近づいています。自分で解決したいという気持ちもあるでしょう。話さないときはそこに至るそれなりの理由があるはずです。何もかも知りたくても、問い詰めないようにしましょう。言いたくなければ知る必要もないのだろうくらいに受け止め、そこはあまり立ち入らないようにしましょう。

子どもが伝える「親と話したくない」わけ

また親として反省するところがないかを検討することも大切です。

- **批判する**：子どもが意見を述べても、「くだらない考え」「そんなことも知らなかったの？」と、見下していませんか？　子どもは信頼している人から批判されるとそれを信じ、これ以上傷つきたくないため、心を閉ざします。

- **いつも子どもが悪いと決めつけている**：子どもがなぜそのような行動を取ったかも聞かず、「あんたが悪かったんでしょ」と最初から子どもが悪いと決めつけていませんか？

- **期待されてない**：「あんたには無理よ」「あなたはのんびりな性格だから無理よ」「あなたは自信がないから、そういうのは向かないでしょ」と決めつけ、子どものチャレンジ精神を踏みにじっていませんか？　子どもは過去の自分を変えようとしているのかもしれません。

- **真剣に聞いてくれない**：いつも片手間で子どもの話を聞いていま

せんか？　スマホをいじりながら、何かをしながら、いい加減に聞いて、適当に受け流していませんか？

- **いつも忙しいという**：子どもにとっては今しか話せないということもあります。それでも「後でね」が親からのほとんどの答えであれば、子どもは話すことを諦めるでしょう。親が自分のことで精いっぱいと見えたら、子どもは迷惑をかけたくないと思い、話すことをためらうでしょう。

- **二人だけになる時間がない**：一緒に出かけたり、家のことをしたり、二人だけの時間を設けていますか？　日頃、二人だけで話す機会を設けていないと、いざというときに話す機会を探せません。きょうだいやもう片方の親には聞かれたくないこともあります。

- **信頼されてないから親を信用できない**：秘密を守れないような人には大切なことを話さないでしょう。

- **なにもかも命令調**：いつも「親のいうことを聞け！」「言われたことをしろ！」という抑圧的な態度では、「僕の意見なんかどうでもいいんだ」と子どもは心を閉ざすでしょう。

- **いつも怒ってる**：いつ怒鳴られるか、叩かれるか、分からないといった恐怖心があれば気持ちを打ち明けることもできないでしょう。イライラしている親に相談など持ちかけないでしょう。

- **勝手に決めてしまう**：進路も親が決めてしまい、子どもの意見など無視。子どもは「どうせ親が決めるんだ」と思い相談もしないでしょう。「自分が通ってきたことが絶対」という上から目線の態度で意見を押しつけていないか見直してみてください。

- **いつも説教、指導、助言をしている**：子どもがどうしてそのような行動を取ったのかも聞かず、勝手な思い込みで長々と説教をしていませんか？

- **完璧を求めている**：完璧な子どもも親もいません。しかし、親の

理想に応えられない自分を受け入れてもらえないと知ったとき、子どもは口を閉ざしてしまいます。

- **子どもが興味を持っていることに無関心**：勉強や成績のことばかり話していませんか？　子どもが興味を持っていること（ゲーム、音楽、ダンス、料理）、取り組んでいるスポーツ、楽しんでいることに興味を示し、それを話のきっかけとしてみてはいかがでしょう。

　子どもが話さなくなる理由には親側の姿勢も関係しています。一概に子どもだけを責めることはできません。もし思い当たる点があったら、関係を修復するためにも自らの態度を変えてみましょう。

子どもが荒れるその背景にあるものは

　ドアを思いっきり閉める、壁を殴る、親を罵る、ものに当たるなど体も大きいので親もビビります。親も「出ていけ！」とつい言ってしまうかもしれません。しかし、**子どもが反抗をするときは不安であったり、迷っていたり、思うようにならないことがいっぱいで、無力、限界、弱さを感じているとき**です。信頼でき、甘えられる親だからこそ、子どもは持っていきようのない怒りを親にぶつけてきているのです。

　荒れた後、落ち着いても、アドバイスは控え、むしろ聞く側に徹しましょう。抱えている悩みを持ち出すのはみんなが寝静まった夜中ということもあるかもしれません。それでも時間を作って、聞いてあげてください。そのタイミングを何日も待っていたかもしれないからです。そして、話してくれなくても、無理に聞き出さず、自分なりに答えを探しているのだと受け止めましょう。受

けた傷を癒やしているのかもしれません。失敗をしたとしたら、プライドがあって、言えないのかもしれません。今すぐ答えが出ない、あるいは答えようがない悩みで苦しんでいるのかもしれません。怒りから出た行動を振り返って反省しているのかもしれません。

　まだ失敗の繰り返しを通して学んでいる時期ですので、許してあげましょう。ただし、相手を見下したり、人を傷つけるようなことをしたり、言ったりしたことは話し合う必要があります。ここまでは許せてもこの先は許せないという線はきちんと伝えましょう。

子どもからの挑戦は巣立つ準備、諦めてはいけないゴール直前

　子育てが大変なのは乳幼児期と思春期だと思います。最初の大変さは主に体力勝負です。この時期の反抗期は親として試されるものの、小学生くらいまでの子育てはまだ大変なうちには入りません。小学生の頃はちょっと小休止のようなもので、この間に子どもとの絆が完成すれば、思春期は乗り越えられます。思春期が大変なのは心も体も一気に大人に変身するからです。

　子どもは大人になったり、子どもになったりするので親も困惑します。それはこの時期、子どもはそれぞれの発達段階を確認しながら欠けた時期を埋めようとするからです。そのため、小さい時に親に抑えられ、いい子を演じ、反抗期を通らなかった子どもはここで輪をかけたような反抗期を通るでしょう。また、大人のふりをして外の怖い世界を試しながらも、子どもに戻って親元に戻れることで安心を得ています。それはちょうど親から離れる練習をしている乳幼児が親を離れては振り返ってまた親の元に笑顔

で戻ってくるのと似ています。

　この時期、子どもはさまざまな問題行動で親を試します。中には「もう、だめ！」と親の役割を放棄し、さじを投げる親もいます。しかし、**親を試す子どもほど実は親を必要としています。**いけないことに対しては毅然とした態度でNOと言える親を求めています。

　Wさんは大変だった娘さんの思春期を振り返っていました。「子どもが5歳の時、夫と死別し、その後、誰にも頼れず一人で必死に育ててきました。子どもの頃、言っても言っても聞かない時は手も上げました。それでも言うことを聞きませんでした。決して甘やかして育てませんでした。思春期を迎え、お金を取る、うそをつく、異性問題、親へのひどいことばづかい、つかみ合うほどの壮絶なけんかを繰り返していました。何度も死にたいと思うほどつらい子育てでした。もう子どもとは親子の縁を切りたいと思うほどでした。」

　どんなにつらくても、ここで諦めないでください。なぜならば親の筋金入りの強さと愛情が、巣立つ子どもにはばたく筋肉を与え、勇気を与えるからです。そのような親の存在が子どもへの安心となります。問題行動も成長過程の一つと受け止めてください。自立のゴールは間近です。不思議なことに思春期も終わりに近づく頃には急に大人に変身したかと思うほど子どもは落ち着きを見せます。

　感謝もされない、見返りもない、忍耐をこれでもかと試されるような大変な最終段階でも、あの小さいかわいい乳幼児期があったからこそなんとか乗り越えられるのです。3、4歳の頃の動画を見てください。ここまで育てたのです。自信を持ってください。子どもは親に、その頃のような頼もしい姿で社会に送ってくれる

ことを望んでいるはずです。

愛情を感じられる子どもは生きることを選ぶ

　親にとって子どもを失うことほどつらいものはありません。それでも子どもの中には「ぼくなんか死んだほうがいいんだ」「生まれてこなければよかった」「父さんに死ねって言われた」「死にたい！」とこぼします。自殺を試みる理由は、いじめ、失恋、虐待、友達関係でのつまずき、両親の離婚、親とのけんか、孤独、ジェンダーの迷い、身近な人の死、受験での失敗、長引く病気、障がいなどさまざまで、一つとは限らず複雑です。精神的な病、特にうつの場合は長期戦になります。

　子どもは未熟なため、先が見えず、不安で苦しい状態が永遠に続くと受け止め、少しでも早くその苦しみから解放されたいと願います。たとえそれが注意を引くことが目的であっても、自殺をほのめかすことばは真剣に受け止める必要があります。それは子どもの場合、衝動で行動に移す可能性があるからです。実際、何度か自傷や自殺未遂を繰り返しながら最終的に命を落とす子どもがいます。特に以下の変化には気を配る必要があります。

- 自分がいなくなった場合のことを話す
- 急に友達から離れた
- 大事なものを人にあげ始めた
- ブログや SNS に自分の心の内を公表する
- 絵や詩に気持ちを表したり、手紙を書く
- 今まで興味の合ったものから身を引く
- 思考がにぶる
- イライラしている

- 食欲がなかったり、暴飲暴食をする
- なかなか眠れなかったり、起きられない
- 急に成績が下がった

　子どもの話を聞くことはもちろんですが、中には親を心配させたくないため、話さないかもしれません。そうであれば友達でも、先輩でも、信頼できる誰かに相談できれば子どもは救われます。

　子どもは自分を必要としている人がいれば、踏みとどまります。「母さんを悲しませたくない」というように**親の愛情は生きる目的**となります。命ほど大切なものはないこと、子どもが死んだらどれほど悲しむかを子どもに伝えてください。日頃から子どもと夢や希望を話し合ってください。音楽との出合いが生きる希望につながった例もあります。そして人はどんなにつらいことがあっても、周りに助けられながら乗り越えられることも伝えてください。

　子どももつらいですが、親もつらくなります。同じような悩みを抱えたもの同士の集まりなどに参加し、自分だけが子どものことで苦しんでいるのではないことに気づき、同士の知恵や励ましを借りながら子どもを助けてあげてください。

限界を感じてもまだ希望はある

　思春期の子どもを持つ親ほど子どもの安全を日頃から祈っているのではないでしょうか？　それはこの時期はまだ子どもで正しい決断ができないことに加え、体は大人なので大人並みの行動を取るからです。それでも子どもが不治の病を宣告されたとき、子どもが生死をさまよっているとき、子どもが命を絶とうとしたとき、親は自分には限界があり、無力を認め、さらに大いなる力にすがるのではないでしょうか？　ぜひ、子どものために祈ってく

ださい。それは自分の心に平安を求めるためでもあります。

「神様、今、（子どもの名前）は苦しんでいます。もう私にはどうすることもできません。どうぞ、神様の愛と力で救ってください。○○に生きる希望と力を与えてください」

親の祈りにはパワーがあります。それはわが子を最も愛し、何よりも子どもの幸せを望んでいるからです。その愛の力から来る祈りが天に届くからです。もし、祈ることで皆さんの心の中に平安が得られたら、そこに大いなる力の存在が宿った証でしょう。

将来への不安とどのように向き合うか

高校も卒業が近づくと大学へ進むのかあるいは就職するのかと迷います。しかし、この段階で本当に自分がしたいことを決められる子どもはわずかです。自分のキャリアにしたいと思うことに出会うにはさまざまな人との出会いや経験が必要です。人生18年ではまだ出会えてないかもしれません。

親としては大学に進んでほしい、大学に入ってそこで悩めばよいと言いますが、大学とは専門を勉強する所です。その目的なくして入学しても子どもは時間の無駄と感じてしまうかもしれません。そのため、本人が何をしたいか決めかねているのであれば、アジアへ開発のためのボランティアでも、北海道の酪農の手伝いでも、考える時間を与えてもよいのではないでしょうか？　レールから外れることへのプレッシャーや外れることによる将来への不安を与えないようにしてほしいと思います。長い人生の中、**さまざまな寄り道をして、いろいろな職を経験し、その中で本当にやりたいことが見つかればよい**のです。

自分の進みたい道を早く見つけても遅く見つけても、大切なのは見つかったということではないでしょうか？　早いからよいと

か遅かったから悪いということはないと思います。遅くてもそこに到達するまでの道は決して無駄ではなかったと思います。その時間があったからこそゴールが見つかったはずです。親は子どもがたとえ進みたい道を高校を卒業する段階で見つけられなくてもそれでよいと伝え、何をしたいのかを探す過程で、さまざまなことに挑戦する姿を応援することではないでしょうか？

セックスについてどう伝えるか

　ティーンエージャーはセックスに対して好奇心があり、性欲も強くなり、性衝動もあるでしょう。特に好きな子ができたら、性交渉について話し合う（どう思う？　したい？　避妊は？　失敗したら？）時期です。性は恥ずかしいことでも汚いことでもないこと、愛する相手と親密なコミュニケーションを取りたいと思う自然な成り行きです。そして愛の伴わないセックスをどう考えるかも話し合うとよいでしょう。さらに自分の体においては自分がコントロールできること、自分で守ることを教えましょう。お互い対等な関係の上で安心、安全が確保され、同意のもとでセックスは初めて成り立つこと。嫌なのであれば、嫌ということを伝えてもいいということ。そして、拒否されてもそれを尊重することを教えましょう。

親のコントロールがもたらす結果

　Ｊさんは息子さんを自分の理想どおりに育てようとしました。高校にしても、Ｊさんが通わせたかった有名校を受験させました。息子さんは文句一つ言わず、受験勉強に励み、合格しました。しかし、やがて不登校を起こします。Ｊさんは本人に相談せず、ロンドンの日本人のための私立校へ入学させ無理やりイギリスの寮へ送りました。環境さえ変われば息子さんは立ち直るだろうと信じたのです。しかし、寮からは毎週のように息子さんの問題行動が報告されました。日本に戻ってきたものの、会話はなく、20歳を過ぎた頃からは何も言えなくなりました。仕事をするわけでもなく、バイトを探しても転々。それでも好きな人と出会い、子どもにも恵まれました。しかし、息子さんのＪさんへの憎しみは消えることなく、孫が生まれてもＪさんには会わせていません。彼の方から縁を切ったのです。このケースは中学校で親との会話が途絶え、その後、親が自分に問題があることに気づかず、放置しておいた結果です。

• •

「なんとかなる」

　私の子どもたちの思春期も相当なものでしたが、そこでがんばれたのも周りの支えがあったからです。先輩ママたちの「なんとかまともな大人になるわよ」「これも一時期だから」ということばに支えられました。さまざまなところにも相談しました。ですから学校をはじめ、児童相談所、スクールカウンセラー、警察などの支援を受けながら、「なんとかなるさ」という心構えを持てばいいと思います。沖縄では「なんくるないさ」、インドネシアでは「ティダアパアパ」、タイでは「マイペンライ」、フィリピンでは「バハラナ」というように、どんなに大変な子どもでもなんとかなります。悩み悩んで苦労した子どもほどかわいいものです。

大人になっていく子どもたちとの暮らし

自殺 ── アメリカでの対応

　娘が中学の頃、仲間からのいじめがきっかけで、学校で自殺願望をほのめかしました。学校はすぐ親に連絡をしてきました。そして、すぐに精神病院の救急外来に出向くように指示をしてきました。私たちはよく理解できないまま、ただ言われるままでした。この時ばかりは子どものことはすべて私に任せていた夫も病院に同行しました。その後、娘は診察を受け、自殺の可能性は低いとされ、帰宅しました。この経験からアメリカではどんなささいな自殺願望でも真剣に受け止めることを知らされました。

大人になった子どもたちとの付き合い方

子育てに失敗したと感じても

大人になった子どもが犯罪を起こした、引きこもりになった、なかなか定職につかない、結婚に失敗した、そのようなときに「自分の子育ては間違っていたのだろうか?」と振り返るかもしれません。思い当たることがあれば、「ああ、もっとかまってあげればよかった」「もっと早く周りの助けを求めるべきだった」「厳しすぎたかも」と、自分を責めるかもしれません。

しかし、子育てにおいて何を持って成功と言い、失敗というのでしょうか? 子どもの今に至るまでにはさまざまな経緯と要因があるはずです。**親だけの影響で今に至ったわけではありません。**またこの先、この状況が続くわけでもないかもしれません。立ち直る過程なのかもしれません。

以下のように責められたら、まずは聞いてあげてください。「お母さんは、何もしてくれなかった! ずっと苦しんでいたのを分かってくれなかった。看護師の仕事をしながら子ども3人育てるのは大変なのは分かっていた。けど、そのしわ寄せがいつも私にきて苦しかった。聞き分けの悪い下の子の面倒、夕飯作り、洗濯、片付け、なんでもやらされた。それでも口答え一つしなかった。お母さんが大変なの分かってたから。けど友達とも遊べなかった、部活もやらなかった。私の青春を返して!」

親を責め続け、怒りを吐き出す子どもに対して何もできないかもしれません。もし本人がその癒やしの過程を通っているのであれば、じっと待つしかありません。ほとんどの後悔は、単に「知

らなかった」「どうしていいか分からなかった」からです。若すぎた、まだ遊びたかった、心に余裕がなかった、食べていくだけで精いっぱいだった、一人で不安だった、と反省点は具体的に挙がるかもしれません。親は間違えた部分に関しては責任を取り、子どもに謝り、許してもらうことしかありません。自分を責めるにしても、**「その当時は自分の分かる範囲で子どもにとって一番よいと信じてきたことを精いっぱいした」**と自分に言い聞かせるしかないと思います。

　そして、子どもがもし助けを求めているのであれば、立ち直るための道を一緒に考えてあげてください。しかし、それでも子どもが自分の人生の軌道修正を試みないようであれば、親としてはもうできる限りのことをしたと受け止めるしかありません。子どもが20歳を過ぎたら、もう大人として自分の人生に責任を取り、よい方向へと自分で切り開いていかないといけないからです。子どもは子育てに失敗した親をいつまでも責めても得るものはないはずです。子どもも反省している親を許すしかないのです。ダメな親であったら、そこから得たものを見いだし、その苦労が今の自分をつくったと納得するしかありません。そして自分が家庭を持ったとき、親がした同じことを繰り返さないことです。

　子育てはやり直しがききません。過去に戻ることはもうできません。そのためにも今できることは何かを考え、自分ができる範囲でその穴埋めをしていくしかありません。例えば音信不通となった子でも、結婚して、子どもができ、自分が親と同じ年齢になったとき、初めて親を許す気持ちが生まれるかもしれません。その間にできることは子どもの幸せを祈り、いつでも子どもの帰りを心待ちしていると伝え続けることしかないのです。

人生はいくらでも軌道修正がきく

　「まともに子どもを育てたつもりだ」「一生懸命子育てをして
きた」「荒れてた時は子どもに厳しく注意をした」にも関わらず、
タバコ、バイク、外泊、夜間徘徊、家出、喫煙、飲酒、万引き、
十代で妊娠、悪い仲間とつるむ、暴力団の世界に入る、学校を中
退する、など子どもは親が望まない選択をします。友達にしても、
親は子どもの友達を選ぶことはできません。悪い選択をきっかけ
に子どもがズルズルと悪に染まっていく姿は見るに耐えがたいも
のがあるでしょう。それでは親としてこの状況をどう受け止めた
らよいのでしょうか？

　まず友達に関しては批判せず、むしろ子どもの行動に関してど
う思っているかを聞いてください。そして、子どものとった行動
に対して世間は「親の責任だ」「家庭に問題がある」と責めるか
もしれませんが、まず自分だけを責めないことです。子どもは**親
の影響ばかりでなく、友達、地域社会、環境、ネットなどの影響
によって間違った判断をします。**場合によっては見過ごされてい
た精神的なハンディがきっかけということもあります。

　それでも何が正しいかをきちんと伝えてきたのであれば、たと
え道を反れても子どもは正しい道へ戻ろうとします。精いっぱい
育てたのなら、自分の子育てに自信を持ってください。そして、
周りの協力を得ながら子どもが自覚して正しい道に戻ることを待
つしかありません。人生は何度でも軌道修正が可能であることを
伝えてください。そして闇から戻ってきたときは、その勇気をた
たえ、温かく迎えてください。特に未成年者にはそのチャンスを
与えなければなりません。親ができることは子どもの誤った選択
を許し、更生できると信じ、励ますことです。

子離れ、親離れを果たす

　親は子どもが自分で生計を立てられるようになったら、家から出すという任務があります。子どもは親を離れ、親は子どもを離すことです。重度な障がいを持った人ですら、自立を願い、周りの助けを得ながら一人暮らしを試みます。巣立つということばがありますが、親鳥は子どもが自分の力で飛ぶことができ、自分の力で餌を探すことができる時期に達したら、巣から突き落とすほどです。親としての務めは子どもが巣立った段階で終わるのです。人間の世界と鳥の世界とでは、どれほどの違いがあるでしょうか？

　欧米の子どもたちは早く親から独立したいと願う一方、日本では文化の影響で子どもが20歳を過ぎて実家にいても、さほど違和感を感じません。その理由の一つに長男が家を継ぐという習慣があります。このしきたりを重んじる家庭の長男は実家に嫁を迎え入れるでしょう。この風習の由来は昔、高齢者の福祉が整っていなかったために、子どもに頼らざるを得なかったのでしょう。また、女性であれば、結婚するまでは実家で過ごします。これは男性と比べて、女性の所得が低く、経済的自立が困難な社会の仕組みゆえでしょう。

　さらに、日本の親は子どもが社会でつまずくと、「いつでも家に帰ってきていいからね」と家に戻ってきてもよいというオプションを与えます。もちろん、それが一時的であれば問題はありません。しかし、一度独立した子どもが、その後、居座ってしまうケースは後々問題になることがあります。親としては「いつまでいてもいいのよ」「孫は見てあげるからね」「孫たちも一緒だとにぎやかでいいわ」と言いますが、居心地よくしてしまうと自立

した子どものためになるとは思えません。その場合、「仕事と生活が安定するまでね」と親は期限付きの条件を設け、子どもの自立を促すようにします。

　親には親の人生があり、生活があります。子どもは親に甘えず、どんなにつらくても、独立した者としてのプライドを持ち、実家を出る強さを持ってほしいと思います。親はしっかりと自分の生活を優先し、子どもを自分の管理下に置かないようにしてください。そのためにも親は子育て中から自立する意義を強調しながら子育てに励むことがとても大切です。

一度親、いつまでも親

　いったい私たち親は、いつになったら子育てを終えたと自信を持っていえるのでしょうか？　子どもが自立したらと一般にはいわれていますが、自立の定義はなんでしょう？　家を出たら？　自分で稼げるようになってから？　20歳になったら？　社会人になったら？　結婚して家を出たら？　自立とは精神的にも経済的にも自立できていることです。自分で物事を判断し、仕事をして社会に貢献し、稼ぎを得て生計を立てる、税金を納めるといったところでしょうか。

　親子の関係に終わりはないと思います。それでも親であるからといって、その責任が続くわけではありません。そのため、何歳とは線引きはできませんが、せめて子どもが自立したら、これで一応子育てという役目は終わったといってよいでしょう。もう親は子どもの行動や決断に対して責任を取る必要はありません。だからこそ、自立するまでの子育てがいかに大切かを強調したいと思います。

大人となった子どもとのいい関係

　親子という線は一生崩れませんが、親子関係は変わります。それでは自立した子どもとはどのように関わっていったらよいのでしょう？　その基本は「子どもの人生に口出しをしない」いや、**お互いの人生に口を挟まない**といった方が正解かもしれません。独立して家を出たら、子どもには子どもの自分の家庭があります。よほど危険が予測されない限り、たとえ、心配で、彼らの決断に疑問を持っても、子どもの家庭を批判したり、彼らの子育てにおいても干渉しないことです。過干渉が過ぎると「もうお母さんの所へは子どもを連れて行かない」「なんか、いつも自分の子育てを監視されているようで、嫌だ」ということになって、実家から遠のいてしまいます。

コラム column
タバコもお酒もやめたKさんの娘

　Kさんは常に何が正しいかを娘さんに伝え、愛情深く育てたものの、Kさんの離婚がきっかけで娘さんは大きく荒れました。タバコ、お酒、マリファナ、不特定多数とのセックス、タトゥーとKさんを困らせました。家を出てからは付き合っている相手もタバコはもちろん、お酒も飲み、ギャンブル癖もあり、常にお金がない生活を送っていました。そのような彼女が子どもを妊娠した瞬間「こんなことを続けていてはだめだ」と気づき、タバコもお酒も一切断ちました。今は子育てをしながらも仕事もし、責任を持った大人としての生活を送っていると言います。あれほどの闇の世界に足を深く入れた彼女ですら立ち直れました。Kさんが伝え続けてきたことは娘さんにはきちんと伝わっていたのでした。

幸せな老後は
絆をつくってきたかどうかにかかる

　子どもに対して批判的で、自分の思うようにさせたかったＨさんには、子どもも孫も彼女のところへ寄り付きません。Ｈさんは夫に先立たれ、孤独です。歩行が不自由なため行動範囲も限られます。食欲も落ち、気力も落ち、生きているのがつらいと言います。それに対してＭさんは子どもとよい関係を築いてきました。毎日のように孫たちがおばあちゃんのところを訪問します。Ｍさんの子どもはあえてＭさんの家の近くに住居を構え、おかずなどを運び、毎日様子を見に来ています。週に数回は子どもたちと夕飯を食べます。毎日が幸せだと言います。

　この２つの方々を例に子どもとのよい関係を築くことが将来の自分の幸せにも通じることが分かると思います。ですから、子育て中の今が大切なのです。子どもとのよい関係を築いてください。子どもに恵まれた以上、生涯、子どもとはよい関係を保ちたいものです。

6

大人になっていく子どもたちとの暮らし

おわりに

　人生で最も幸せであったことはなんですか？と聞かれたら、私は即、子どもたちが与えられたことと答えるでしょう。恋をしたことでも、初めての本を出版したことでも、念願だった大学院を40歳過ぎて卒業できたことでも、60歳を過ぎて心理カウンセラーとしてのアメリカの国家試験に合格したことでもありません。子どもを産んで一番すばらしかったことは、子どもに無条件な愛情というものを教えてもらったことでした。それは私からの愛ばかりでなく、実は子どもたちが私に注いでくれたたくさんの愛でした。もう人生の後半に入った今、身辺整理をしていて、自分のものは何もかもそぎ落とすことができました。しかし、唯一死ぬまで手放したくないと思ったものは、子どもたちからのラブレターでした。「マミー、おしごとがんばってね」「マミー、だいすきだよ」「マミー、しないでね」といった小さな紙におぼつかないひらがなで書かれた数えきれないほどの私へのラブレターでした。

　この本は３人の幼い娘たちを育てている娘との共同作です。この３年に及ぶ月日の中で私は娘とメールやチャットをしながら、どのような親を目指したいか、どのような子どもを育てたいかについて意見交換をしてきました。この間、私自身は親としてどのような役割を果たしたかを顧みる機会でもありました。

子育てに成功したと思いますか？と聞かれたら、子育てに成功も失敗もないと私は答えたいと思います。それは子育てに評価はないからです。100点も20点もないからです。子どもは20歳を過ぎたら自分の人生を自分の足で、その先80歳まで歩んでいきます。親の役割はその子の人生の最初の基礎をしっかりと固めてあげることです。愛情と厳しさを持って子どもが自立したら合格でしょう。

　皆さんは一生子どもの親です。その縁は切れません。中絶で子どもを失っても、やむを得ず子どもを養子で手放しても、親は子どものことを決して忘れません。また、子どもも自分に愛情を注いでくれた存在を忘れません。だからこそ子どもが巣立った後も人生にわたって子どもとの時間を満喫してください。関係を築ければ家族ほど貴重な存在はありません。ささいな見栄やプライドで子どもとの関係を崩さないようにしてください。

　親だからといって特に構える必要はありません。ただ、自分らしく誠実な人間として生きていればいいだけです。それが子どもたちへの何よりもの親からのプレゼントです。

ノーラ・コーリ

ねえ、ママ、知らなかったでしょ

　ねえ、ママ、知らなかったでしょ？　ママがぼくの描いた絵を壁に貼ってくれたとき、ぼくはすっごくうれしくってもう一枚描きたくなったんだよ。

　ねえ、ママ、知らなかったでしょ？　この前、公園に捨てられていた猫にミルクをもっていった時、動物にはやさしくしなくちゃいけないって思ったよ。

　ねえ、ママ、知らなかったでしょ？　ぼくの大好きなシュークリームを作ってくれた時、ぼくは小さなことでも一生忘れない思い出になることがあると知ったよ。

　ねえ、ママ、知らなかったでしょ？　ぼくが熱を出した時に、そばで祈ってくれたよね。その時ぼくは困った時にはいつでも神様とお話しすれば安心できるってことがわかったよ。

　ねえ、ママ、知らなかったでしょ？　隣のおばちゃんが病気だった時にごはんを持っていってあげたよね。あの時、困った人は助けなくちゃいけないことを知ったよ。

　ねえ、ママ、知らなかったでしょ？　郵便局に行ったとき、あれは地震で困っている人にお金をあげたんでしょ？　その時、持っている人は持っていない人に分けなくてはいけないってことを知ったよ。

　ねえ、ママ、知らなかったでしょ？　ぼくが寝たと思って、ほっぺにキスして、おやすみって言ったでしょ？　あの時ね、ぼくまだ起きてたんだよ。あんまりママがやさしくて、ママにもキスしたくなったよ。なんかぼくはママだけのものって感じがして、うれしくて、安心したよ。

　ねえ、ママ、知らなかったでしょ？　夜中になってもまだ台所のお片

づけしたり、洗濯物をたたんだり、ぼくは階段から見てたんだよ。ママが家族のことをとても大切にしてることがわかったよ。

　ねえ、ママ、知らなかったでしょ？　あの交通事故にあったおじいさんのそばに一番先にかけつけたママの姿を見て、ぼくは自分の命より人の命を救うことが一番大きな愛だってことを知ったよ。

　ねえ、ママ、知らなかったでしょ？　ぼくはママがいつもパソコンばかりして嫌いって言ってるけれど、本当はママが困っている人の相談にのってること知ってるんだ。人のためになにかすることがこんなにママを生き生きとさせてるのがわかったよ。

　ねえ、ママ、知らなかったでしょ？　ママは熱があっても翻訳の仕事をお約束の日までにやらなくちゃいけないってがんばってたよね。あの時、お仕事ってすごく責任があることなんだなって思ったよ。だからぼくもゴミ出し忘れないね。

　ねえ、ママ、知らなかったでしょ？　映画を見ながらママが泣いてるの知ってたんだよ。その時、悲しい時や心がつらくなった時は大人でも涙を流してもいいってことを知ったよ。

　ねえ、ママ、ぼくちゃんと知ってるんだよ？　ママを喜ばすことばはパパの「じゃ、デートにいこうか？」ってことを。ぼくも彼女ができたら必ず大切にするよ。

　ねえ、ママ、知らなかったでしょ？　ぼくはいつもママの見える所にいるんだよ。だってママが大好きなんだもん。「ママが見せてくれたたくさんのことをありがとう」　　　　　　　　　　　　　　　（作者不明）

　子どもたちは思いのほか、私たちの行動を観察し、分析し、自分のものとして身につけ、学んでいます。ことばではありません。皆さんの後ろ姿を見せていればいいのです。

著者略歴

ノーラ・コーリ ● NORA KOHRI

東京で生まれ、小学校はニューヨーク、中学は日本、高校と大学はカナダ。その後、シンガポール、日本、ニューヨークで子育て、子育てを終え、沖縄、シアトルと転々とする自称グローバルジプシー。

コロンビア大学ソーシャルワーク大学院修士取得。アメリカ公認臨床心理ソーシャルワーカー免許取得。

海外在住の日本人家族を精神面、医療面、生活面、教育面でサポートする。日本と海外の比較論を中心とした講演、メディア出演、執筆、医療（産婦人科、小児科）通訳などで活躍中。

ホームページ：https://www.caretheworld.com

著書

『愛は傷つけない ― 自立に向けてのガイドブック』　　（梨の木舎）

『Live Long, Healthy, and Happy』　　　　　（Amazon）

『世界から学ぶシンプルライフ』　　　　（Amazon.co.jp）

『海外で安心して赤ちゃんを産む本』　　（ジャパンタイムズ）

『海外で安心して子育てをする本』　　　（ジャパンタイムズ）

『海外で暮らすためのとりあえず英会話』　　　　（NOVA）

『英語のできる子どもに育てる』　　　（ジャパンタイムズ）

『使用人との上手なつきあい方』　　　　（ケア・ワールド）

『働き方探し、仕事探し ― 30代、40代で再就職を考えているあなたへ』

（ケア・ワールド）

世界から学ぶ幸せな子育て

2023 年 3 月 25 日　初版第 1 刷発行

著　者　ノーラ・コーリ

発行人　坂 本 圭一朗

発行所　リーブル出版

　　　　〒780-8040 高知市神田 2126-1
　　　　TEL 088-837-1250

装　幀　島 村　　学

印刷所　株式会社リーブル

ISBN978-4-86338-375-3